U0575852

政府会计制度下事业单位财务管理研究

唐漫江　马　琳　杨园园◎著

中国财富出版社有限公司

图书在版编目（CIP）数据

政府会计制度下事业单位财务管理研究/唐漫江, 马琳, 杨园园著. —北京:中国财富出版社有限公司, 2023.5

ISBN 978-7-5047-7940-3

Ⅰ.①政…　Ⅱ.①唐…　②马…　③杨…　Ⅲ.①行政事业单位－财务管理－研究－中国　Ⅳ.①F812.2

中国国家版本馆CIP数据核字(2023)第092431号

策划编辑	郑晓雯		**责任编辑**	敬　东　张思怡		**版权编辑**	李　洋
责任印制	尚立业		**责任校对**	卓闪闪		**责任发行**	董　倩

出版发行	中国财富出版社有限公司		
社　　址	北京市丰台区南四环西路188号5区20楼	**邮政编码**	100070
电　　话	010-52227588转2098（发行部）	010-52227588转321（总编室）	
	010-52227566（24小时读者服务）	010-52227588转305（质检部）	
网　　址	http://www.cfpress.com.cn	**排　　版**	金熙腾达
经　　销	新华书店	**印　　刷**	北京九州迅驰传媒文化有限公司
书　　号	ISBN 978-7-5047-7940-3/F·3729		
开　　本	710mm×1000mm 1/16	**版　　次**	2024年10月第1版
印　　张	12.75	**印　　次**	2024年10月第1次印刷
字　　数	221千字	**定　　价**	55.00元

前　言

　　事业单位在社会组织中占据着重要的地位，财务管理是事业单位综合管理工作的重要组成部分，其财务规则的制定和应用、财务管理的方式与事业单位的收益密切相关。事业单位在开展日常管理工作过程中应认识到财务管理工作的重要意义，不仅要提高财务管理工作效率，而且要提高财务管理水平。2019 年 1 月 1日开始实施的《政府会计制度——行政事业单位会计科目和报表》是对预算会计制度的全面更新，事业单位财务管理工作也随之发生较大变化。由于事业单位资金来源渠道多元，其财务管理工作相对复杂，在改革进程中也突显了一些较为典型的问题，如管理者对新制度改革内容的认识不够、内控制度不完善、国有资产管理不到位、财务人员专业素质有待提高、财务信息化作用较弱等。这些都增加了事业单位财务管理的难度。因此，事业单位应当针对改革进程中遇到的问题，转换传统财务管理模式，对原有的财务规则进行完善和改进，以提升财务管理效率，使其更好地适应新形势。

　　基于此，本书共分六章内容，在阐释政府会计改革以及事业单位财务管理理论的基础上，对政府会计制度下事业单位收支管理与核算、资产管理与核算、负债管理与核算、财务报告与分析等方面做了系统的探索，希望能够对事业单位财务管理相关工作的开展有一定的帮助。

　　笔者在本书撰写的过程中，参考和借鉴了一些专著、期刊论文中有关政府会计与事业单位财务管理的研究成果，在此对相关作者表示诚挚的感谢。当然，由于笔者的学识和经验有限，书中难免会有疏漏和不足之处，恳请各位专家学者与广大读者批评指正。

目 录

第一章 政府会计改革导论

第一节 政府会计改革历程及意义

一、政府会计改革的历程

政府会计是指政府会计主体运用专门的会计方法对政府及其组成主体（包括政府所属的行政事业单位等）的财务状况、运行情况、现金流量、预算执行情况进行全面核算、监督和报告的会计信息系统。

改革开放以来，我国在大力推进企业会计改革的同时，经过不断探索和努力，于 1998 年前后形成了主要由财政总预算会计、行政单位会计和事业单位会计组成的现行政府会计核算标准体系，在宏观经济决策和财政资金的运行管理过程中发挥了重要的基础性作用。在此基础上，自 1999 年起逐步建立起包括企业职工基本养老保险基金、失业保险基金、城镇职工基本医疗保险基金，以及新型农村合作医疗基金、新型农村社会养老保险基金等在内的社会保险基金会计体系，并于 2000 年实施了《住房公积金会计核算办法》、2005 年实施了《民间非营利组织会计制度》、2008 年印发了《土地储备资金会计核算办法（试行）》等，基本适应了经济转轨时期国家财政预算管理的发展，满足了行政事业单位和其他各类非营利主体日常会计核算的需要。

随着公共财政体制的建立和完善，为了适应财政改革需要，财政部于 2010 年率先从医疗卫生行业入手，制定了《基层医疗卫生机构会计制度》，修订了《医院会计制度》；"十二五"时期，为配合财政改革和行政事业单位财务管理改革的需要，财政部从 2012 年起适时修订并陆续印发了《事业单位会计准则》《事业单位会计制度》《行政单位会计制度》《高等学校会计制度》《中小学校会计制度》以及《科学事业单位会计制度》，制定印发了《彩票机构会计制度》。上述制度的修订完善对于规范行政事业单位会计行为，保证会计信息质量，提高公共资金透明度，促进各项事业健康发展发挥了重要的作用。

二、加快推进政府会计改革的重要意义

近年来，来自政府部门、实务界、理论界等领域的专家、学者纷纷呼吁，应加快推进政府会计改革，建立能够如实反映政府资产负债"家底"、成本费用等绩效及预算执行情况的政府会计体系。2011 年我国"十二五"规划纲要提出，要"进一步推进政府会计改革，逐步建立政府财务报告制度"；2013 年中共中央、国务院印发的《党政机关厉行节约反对浪费条例》中也明确要求，"推进政府会计改革，进一步健全会计制度，准确核算机关运行经费，全面反映行政成本"；2018 年第二次修正的《中华人民共和国预算法》（以下简称《预算法》）第九十七条明确规定，"各级政府财政部门应当按年度编制以权责发生制为基础的政府综合财务报告，报告政府整体财务状况、运行情况和财政中长期可持续性，报本级人民代表大会常务委员会备案"。党的十八届三中全会从全面深化改革的战略高度，在《中共中央关于全面深化改革若干重大问题的决定》（以下简称《决定》）中明确提出要"建立权责发生制的政府综合财务报告制度"。加快推进政府会计改革，是促进国家治理体系和治理能力现代化的重要基础。政府会计改革与国家治理体系和治理能力现代化建设相关联，足以看出政府会计改革的重要意义。

一是能完整反映政府收支信息，有利于建立全面规范、公开透明的现代预算制度。会计工作是预算管理的基础，通过完善现行预算会计制度，完整记录和反映各级政府、部门和单位预算收入与支出的全过程及其结果，有利于夯实预算管理的基础，确保各项预算管理政策"落地"，对于建立全面规范、公开透明的现代预算制度具有重要的基础性作用。

二是能够如实反映政府"家底"，有利于财政经济可持续发展。在完善现行政府预算会计制度的同时，强化政府财务会计功能，可以全面记录政府资产和负债等"存量"信息，完整反映政府财务状况以及体现财政能力和财政责任，有助于强化政府资产管理主体责任，有效监控政府债务，为开展政府信用评级、防范财政风险等提供信息支持，促进政府财务管理水平提高和财政经济可持续发展。

三是能够反映政府运行成本，有利于科学评价政府绩效和政府受托责任履行情况。在会计核算环节引入权责发生制，可以准确反映政府成本费用信息，实现对政府整体、部门、单位、单个项目等资源耗费情况的合理评判，为科学开展政府绩效考评、政府受托责任履行情况评价提供扎实有效的信息基础。

四是能够提升财政透明度，有利于国家治理体系和治理能力的现代化。通过建立政府预算会计和财务会计适度分离又相互衔接的政府会计体系，同时生成基于收付实现制的决算报告和基于权责发生制的政府财务报告，并按规定进行审计和公开，可以全面、清晰反映政府预算执行信息和财务信息，显著提升财政透明度，满足权力机关、社会公众等对政府受托责任履行情况的信息需求，有助于夯实国家治理的基础，促进国家治理体系和治理能力的现代化。

总之，在新的形势下，政府会计改革涉及国家治理体系和治理能力，使政府权力受到约束，使权力机关、社会公众能够监督政府，意义非常重大。加快推进政府会计改革，建立和有效实施政府会计准则体系，不仅是贯彻落实《决定》的任务所在，也是贯彻落实《预算法》、深化财税体制改革的职责所在，更是推进国家治理体系和治理能力现代化的使命所在。①

第二节　政府会计的框架体系

一、政府会计框架体系概述

基于世界各国政府会计改革的基本做法以及我国政府会计改革的研究和实践，同时参照企业会计改革的经验，我们可知政府会计改革的基本路径是：从政府会计准则的建立入手，各级政府及其组成主体依据统一、规范的政府会计准则进行会计核算、编制财务报表，在此基础上，通过专门的会计方法和程序，合并形成真实、完整、准确的权责发生制的政府综合财务报告。

按照党的十八届三中全会精神，根据《国务院关于批转财政部权责发生制政

---

① 以上资料出自财政部关于《会计改革与发展"十三五"规划纲要》系列解读之二，文字略有改动。

府综合财务报告制度改革方案的通知》（国发〔2014〕63 号，以下简称《改革方案》）要求，2015 年以来，财政部相继出台了《政府会计准则——基本准则》和存货、投资、固定资产、无形资产、公共基础设施、政府储备物资、负债、会计调整、财务报表编制与列报等 9 项政府会计具体准则，以及固定资产准则应用指南。2017 年 10 月 24 日，财政部印发了《政府会计制度——行政事业单位会计科目和报表》（财会〔2017〕25 号），自 2019 年 1 月 1 日起施行。

我国的政府会计标准体系由政府会计基本准则、政府会计具体准则及其应用指南、政府会计制度等共同组成。2018 年，财政部为了进一步做好政府会计改革的新旧衔接工作，除印发通用的新旧衔接规定之外，针对不同的行业，出台了包括医院、科研事业单位、中小学校等在内的 9 个行业会计制度的新旧衔接规定，同时为了更好地做好政府会计制度在上述不同行业的事业单位的有效实施，出台了包括医院、科研事业单位、中小学校在内的 7 个行业会计制度的补充规定。

为了进一步做好政府会计改革工作，财政部 2018 年又相继出台了两个文件，分别是：《关于贯彻实施政府会计准则制度的通知》（财会〔2018〕21 号）和《财政部关于进一步做好政府会计准则制度新旧衔接和加强行政事业单位资产核算的通知》（财会〔2018〕34 号）。

上述文件也是我国政府会计标准体系的重要内容，作为不可或缺的一个组成部分，标志着我国政府会计标准体系的初步建立。

二、政府会计基本准则

为了深入贯彻落实党的十八届三中全会精神，加快推进政府会计改革，构建统一、科学、规范的政府会计标准体系和权责发生制政府综合财务报告制度，2015 年 10 月 23 日，《政府会计准则——基本准则》（中华人民共和国财政部令第 78 号）（以下简称《基本准则》）公布，自 2017 年 1 月 1 日起施行。

（一）《基本准则》的主要内容

在政府会计核算标准体系中，基本准则主要对政府会计目标、会计主体、会计信息质量要求、会计核算基础，以及会计要素定义、确认和计量原则、列报要求等做出规定。基本准则属于"概念框架",统驭政府会计具体准则和政府会计制度的制定,并为政府会计实务问题提供处理原则,为编制政府财务报告提供基础标准。从会计规则而言,《基本准则》为在政府会计具体准则和政府会计制度层面规范政府发生的经济业务或事项的会计处理提供了基本原则,保证了政府会计准则体系的内在一致性。从会计主体而言,《基本准则》适用于各级政府、各部门、各单位(以下称"政府会计主体"),有利于消除各级政府、部门、行业和单位执行不同会计规范所导致的信息差异,打破不同部门、行业的藩篱,各政府会计主体都以统一规范的会计语言体系处理会计事务、参与政府治理,提高了政府会计信息的可比性。

《基本准则》共 6 章 62 条。

第一章为总则,规定了立法目的和制定依据、适用范围、政府会计体系与核算基础、基本准则定位、报告目标和使用者、会计基本假设和记账方法等。

第二章为政府会计信息质量要求,明确了政府会计信息应当满足的 7 个方面质量要求,即可靠性、全面性、相关性、及时性、可比性、可理解性和实质重于形式。

第三章为政府预算会计要素,规定了预算收入、预算支出和预算结余 3 个预算会计要素的定义、确认和计量标准,以及列示要求。

第四章为政府财务会计要素,规定了资产、负债、净资产、收入和费用 5 个财务会计要素的定义、确认标准、计量属性和列示要求。

第五章为政府决算报告和财务报告,规定了决算报告、财务报告和财务报表的定义、主要内容和构成。

第六章为附则,规定了相关基本概念的定义,明确了施行日期。

(二)《基本准则》实施带来的影响

《基本准则》是政府会计领域一次重大的制度变革,实施《基本准则》将为行政事业单位(以下简称"单位")财务和会计管理带来以下显著变化:

第一,实施《基本准则》有助于进一步规范单位会计行为,提高会计信息质量。《基本准则》要求按收付实现制对预算收入、预算支出和预算结余进行会计核算,按权责发生制对资产、负债、净资产和收入、费用进行会计核算;同时对各个会计要素的确认、计量和列示等提出了原则性要求，对会计信息质量提出了明确的标准，有助于行政事业单位对各项经济业务或事项进行全面、规范的会计处理，不断提升单位会计信息质量。

第二，实施《基本准则》有助于夯实单位财务管理基础，提升财务管理水平。《基本准则》的实施，有助于单位贯彻落实国家各项预算管理要求，规范收支行为，夯实预算管理的基础，建立健全预算管理制度；有助于单位严格落实有关国有资产管理的规定，全面、真实反映增量和存量资产的状况，夯实单位资产管理的基础，完善控制国有资产流失的管理制度，提高单位国有资产管理的绩效；有助于单位严格落实有关财务管理规定，增强公共管理意识，实现资金、资产和资源的科学合理配置，防范和化解财务风险，促进单位持续健康发展。

第三，实施《基本准则》有助于全面、准确反映单位运行成本，科学评价单位绩效。《基本准则》要求单位按照权责发生制原则核算各项耗费，如计提固定资产折旧费用、无形资产摊销费用等，并要求编制收入费用表，合理归集、反映单位的运行费用和履职成本，从而有助于科学评价单位耗费公共资源、成本边际等情况，建立并有效实施预算绩效评价制度，提升单位绩效评价的科学性。

第四，实施《基本准则》有助于全面反映单位的预算执行信息和财务信息，提高单位的财务透明度。《基本准则》要求单位在编制决算报告的同时，还要编制包括资产负债表、收入费用表和现金流量表在内的财务报告，全面反映单位的预算执行情况和财务状况、运行情况和现金流量等信息。各部门还要按规定合并所属单位的财务报表，编制部门合并财务报告，全面反映部门整体财务状况，并按照规定进行审计和公开。《基本准则》的实施，将显著提升单位财务透明度。[①]

（三）具体准则的主要创新与变化

政府会计的 9 项具体准则在合理继承现行行政事业单位会计准则制度和财政总预算会计制度有关规定的基础上，立足政府会计主体财务会计核算和权责发生制政府综合财务报告制度改革的需要，兼顾当前行政事业单位国有资产管理的相

---

① 韩俊仕，郭靖，许娟. 政府会计制度要点解读与案例精讲 [M]. 北京：企业管理出版社，2019：11-12.

关规定，在很多会计核算方面较现行政府会计制度体系有很多创新与变化，主要体现在以下几个方面。

1. 立足权责发生制会计核算基础

政府会计具体准则立足权责发生制会计核算基础，合理划分资本化支出和费用化支出的界限，凡符合资产确认条件的支出均计入相关资产的成本，不符合相关资产确认条件的支出均计入当期费用。

2. 进一步明确资产的会计确认和披露要求

现行政府会计制度体系下，对于存货、投资、固定资产、无形资产等的会计核算均有相应的规范，但这些规范主要侧重于相关资产的会计计量和记录问题，很少涉及会计确认和披露问题。而具体准则对存货、投资、固定资产和无形资产的确认、计量和披露问题进行了系统规范，为将符合存货、投资、固定资产和无形资产定义和确认条件的相关资产纳入会计账簿和财务报表提供了统一的会计处理原则，提高了不同政府会计主体对同一经济业务和事项会计处理的可比性，丰富了政府会计信息的内容，有利于权责发生制政府财务报告的编制。

3. 健全完善资产的计价和入账管理要求

在现行政府会计制度体系下，对于接受捐赠、无偿调入和盘盈等方式取得的资产入账价值的确定进行了规范，但在实际执行中操作性不强。具体准则遵循《基本准则》关于资产计量属性的规定，立足实务需要，兼顾资产管理的相关规定，分别对接受捐赠、无偿调入和盘盈取得的资产的初始入账问题进行了规范，相对于现行政府会计制度体系更为科学。以固定资产准则为例，对于接受捐赠的固定资产，其成本应当依次按照相关凭据注明的金额、评估价值、市场价格和名义金额四个层次判断确定；对于无偿调入的资产，其成本按照调出方的账面价值确定；对于盘盈的资产，按规定需要评估的，则其成本按评估价值确定，其他情况下按照重置成本进行确定。

4. 全面确立"实提"折旧和摊销的政策要求

在现行政府会计制度体系下，对单位的固定资产和无形资产分别计提折旧和摊销时，采用"虚提"折旧和摊销的做法，即在计提折旧或摊销时冲减非流动资产基金（或资产基金），而不是计入相关成本或费用。而固定资产准则和无形资产准则是基于权责发生制的会计核算要求，分别对政府会计主体固定资产折旧和无形资产摊销做出"实提"折旧或摊销的规范，要求固定资产应计提的折旧金额或无形资产应计提的摊销金额，应当根据用途计入当期费用或者相关资产的成本。这种"实提"的做法有利于客观、真实地反映资产价值，有利于进行成本核算与管理，有助于权责发生制财务报告的编制。

5. 全面引入长期股权投资权益法

在现行政府会计制度体系下，长期股权投资采用成本法进行核算，长期股权投资的账面余额通常保持不变，仅在追加或收回投资时，相应调整其账面余额。而在投资准则中，长期股权投资持有期间通常采用权益法进行核算，最初以投资成本对投资进行计量，以后根据政府会计主体在被投资单位所享有的净资产份额的变动对投资的账面余额进行调整。值得强调的是，投资准则在明确规定长期股权投资通常采用权益法的同时保留了成本法。成本法不对被投资单位净资产的变动调整长期股权投资的账面余额和确认投资损益。

6. 着力强化自行研发无形资产入账成本的核算

在现行政府会计制度体系下，自行开发并按法律程序申请取得的无形资产，按照依法取得时发生的注册费、聘请律师费等费用确认初始成本，导致自行研发的无形资产账面成本远小于单位的实际投入。而在无形资产准则中，引入了企业会计中关于自行研发无形资产的会计处理规定，但为便于实务操作，对相关内容进行了适度简化。政府会计主体自行研究开发项目研究阶段的支出，应当于发生时计入当期费用。政府会计主体自行研究开发项目开发阶段的支出，先按合理方法进行归集，如果最终形成无形资产的，应当确认为无形资产；如果最终未形成无形资产的，应当计入当期费用。

7. 科学界定了公共基础设施和政府储备物资的概念

关于公共基础设施的概念，目前在我国尚无公认的定义。本着与政府会计主体占有、使用的固定资产相区别的原则，结合国内政府公共基础设施管理的现状，在合理继承《行政单位会计制度》关于公共基础设施定义的基础上，积极借鉴国际公共部门会计准则和有关国家关于公共基础设施特征的表述，对公共基础设施的概念进行了界定，明确规定该资产是指政府会计主体为满足社会公共需求而控制的有形资产，且同时满足以下特征：（1）是一个有形资产系统或网络的组成部分；（2）具有特定用途；（3）一般不可移动。

关于政府储备物资的概念，在综合考虑我国政府储备物资品种繁多、管理体系复杂等现实情况基础上，从区别于存货的角度，对政府储备物资的概念进行了界定，突出强调政府储备物资的目的是满足特定公共需求，且同时满足以下特征：（1）只有在应对特定事件或情形时才能报经批准后动用；（2）其购入、存储保管、更新（轮换）、动用等由政府及相关部门发布的专门管理制度严格规范。

8. 明确了公共基础设施和政府储备物资的会计确认主体

《基本准则》将政府资产界定为政府会计主体"控制"的经济资源，对于公共基础设施和政府储备物资，如何将"控制"一词具体化尤为关键。

就政府公共基础设施而言，其在建造、管理和维护等方面往往涉及多个部门，很多时候还涉及多个政府级次，导致其会计确认主体也不十分明确。结合行政事业单位国有资产管理的最新动向，确立了"谁负责管理维护、谁入账"的原则，即在通常情况下，符合资产确认条件的公共基础设施，应当由按规定对其负有管理维护职责的政府会计主体予以确认。多个政府会计主体共同管理维护的公共基础设施，应当由对该资产负有主要管理维护职责或者承担后续主要支出责任的政府会计主体予以确认。分为多个组成部分由不同政府会计主体分别管理维护的公共基础设施，应当由各个政府会计主体分别对其负责管理维护的公共基础设施的相应部分予以确认。负有管理维护公共基础设施职责的政府会计主体通过政府购买服务方式委托企业或其他会计主体代为管理维护公共基础设施的，该公共基础设施应当由委托方予以确认。

从政府储备物资管理体系来看，往往涉及多个层级的部门、单位，从职责分工角度包括行政管理部门和基层承储单位。行政管理部门负责政府储备物资收储、存储保管、更新（轮换）、动用等的组织管理工作；基层承储单位根据行政管理部门指令进行具体执行与运作。大量调查研究结果表明，能够实质上对政府储备物资实施"控制"的是其行政管理部门而非基层承储单位。因此，政府储备物资准则规定对政府储备物资负有行政管理职责的政府会计主体为政府储备物资的确认主体，对政府储备物资不负有行政管理职责但接受委托负责执行其存储保管等工作的政府会计主体应当将受托代储的政府储备物资作为受托代理资产核算。另外，由于政府储备物资的"行政管理职责"涉及收储计划、更新（轮换）计划、动用方案等的提出、拟定、审批，而提出、拟定、审批职责有时存在由不同部门行使的情况，为了进一步明确储备物资的会计确认主体，政府储备物资准则充分考虑现行做法和实务可操作性，将会计确认主体限定为"提出或拟定收储计划、更新（轮换）计划、动用方案等"的主体。

9. 科学地进行了负债类别的划分

在遵循《基本准则》将负债按流动性分类的基础上，还对负债进行了如下划分：首先，将负债分为偿还时间和金额基本确定的负债和由或有事项形成的预计负债，创新地提出了"或有负债"的概念。负债准则规定，政府会计主体不应当将与或有事项相关的潜在义务或与或有事项相关的不满足负债准则第三条规定的负债确认条件的现时义务确认为负债，但应当按照准则规定进行披露。此类潜在义务或现时义务并不同时符合负债的定义和确认条件，因此不属于负债的范畴。但此类潜在义务或现时义务在未来有可能会转化为预计负债，增加政府会计主体的债务风险。为帮助会计信息使用者全面地掌握和分析政府会计主体的债务风险状况，负债准则对此类潜在义务或现时义务的披露提出了要求。其次，将偿还时间与金额基本确定的负债按照政府会计主体的业务性质及风险程度进一步划分为融资活动形成的举借债务及应付利息、运营活动形成的应付及预收款项和运营活动形成的暂收性负债，并对不同类别负债的构成、确认和计量等做出了更为具体的规定。这一划分有助于按照负债的类别揭示不同程度的偿债压力和债务风险，促进相关方面更为科学地开展政府会计主体的债务风险分析和管理。

10. 会计调整立足我国基本国情

从我国政府会计主体实务出发，着力提高可操作性。从满足政府会计主体核算需要出发，坚持问题导向，对会计调整的处理进行规范；同时，考虑到政府会计主体的核算现状，在借鉴企业会计准则制度和国际相关准则时，力求原则明确、方法简化、语言接地气，尽可能减少专业判断，以提高准则的可操作性。主要体现在以下三个方面。

（1）关于会计政策变更及追溯调整法。现行企业会计准则和国际公共部门会计准则规定，会计政策变更能够提供更可靠、更相关的会计信息的，应当采用追溯调整法处理，但确定该项会计政策变更累积影响数不切实可行的，应当从可追溯调整的最早期间期初开始应用变更后的会计政策。在当期期初确定会计政策变更对以前各期累积影响数不切实可行的，应当采用未来适用法处理。考虑到"不切实可行"的规定需要会计人员有相当的专业判断，为了简化实务操作，会计调整准则适当简化了追溯调整法的会计处理，且没有引入"不切实可行"的规定。对于会计政策变更的影响或者累积影响数不能合理确定的，要求政府会计主体均采用未来适用法进行处理。

（2）关于会计差错重要性的判断标准。对于会计差错更正，现行企业会计准则和国际公共部门会计准则均分别对重要性和非重要性做出不同规定，但并未在准则中明确重要性的判断标准。为了提高可操作性，会计调整准则对重要性标准进行了规定，即"重大会计差错，一般是指差错的性质比较严重或差错的金额比较大。该差错会影响报表使用者对政府会计主体过去、现在或者未来的情况做出评价或者预测，则认为性质比较严重，如未遵循政府会计准则制度、财务舞弊等原因产生的差错。通常情况下，导致差错的经济业务或事项对报表某一具体项目的影响或累积影响金额占该类经济业务或事项对报表同一项目的影响金额的10%及以上，则认为金额比较大"。此外还规定，政府会计主体滥用会计政策、会计估计及其变更，应当作为重大会计差错予以更正。

（3）关于重大前期差错的会计处理方法。现行企业会计准则和国际公共部门会计准则采用"追溯重述法"对重大前期差错进行会计处理，虽然追溯重述法与追溯调整法概念不同，但会计处理方法一致。为了减少新概念的出现，增强政府会计准则的可理解性，会计调整准则对于重大前期差错更正未引入"追溯重述法"，也没有引入"追溯调整法"，而是对相关会计处理方法直接做出规定，即"本期发现的与前期相关的重大会计差错，如影响收入、费用或者预算收支的，应当将其对收入、费用或者预算收支的影响或累积影响调整发现当期期初的相关净资产项目或者预算结转结余，并调整其他相关项目的期初数；如不影响收入、费用或者预算收支，应当调整发现当期相关项目的期初数。经上述调整后，视同该差错在差错发生的期间已经得到更正"。

11. 明确了合并报表的范围

合并范围的确定是合并财务报表的关键。企业合并财务报表的合并范围以控制为基础予以确定，而控制一词主要基于投资方与被投资方的股权控制关系，如何判断控制在实务中存在一定困难。由于政府会计主体之间通常并不存在类似企业的投资控制关系，因此，政府合并财务报表合并范围不能直接以控制为基础确定。为了提高政府合并财务报表的可操作性，财务报表编制与列报准则没有引入控制概念及其判断标准，而是在立足我国基本国情基础上，对不同级次合并财务报表的合并范围进行了原则性规定，即部门（单位）合并财务报表的合并范围一般应当以财政预算拨款关系为基础予以确定，部门（单位）所属的企业不纳入部门（单位）合并财务报表的合并范围；本级政府合并财务报表的合并范围一般应当以财政预算拨款关系为基础予以确定；行政区政府合并财务报表的合并范围一般应当以行政隶属关系为基础予以确定。另外，考虑到列报准则主要侧重规范合并范围确定的原则，具体合并范围将由财政部另行规定。

三、政府会计制度

为加快建立健全政府会计核算标准体系，财政部于 2017 年 10 月 24 日印发了《政府会计制度——行政事业单位会计科目和报表》（以下简称《政府会计制度》），自 2019 年 1 月 1 日起施行。这是继《基本准则》、具体准则以及固定资产准则应用指南出台以来，政府会计改革工作取得的又一重要成果，标志着具有中国特色的政府会计标准体系初步建成，在我国政府会计发展进程中具有划时代的里程碑意义。

《政府会计制度》主要规定政府会计科目及其使用说明、报表格式及其编制说明等。会计准则和会计制度相互补充，共同规范政府会计主体的会计核算，保证会计信息质量。按照《改革方案》确定的目标，应在 2020 年之前建立起具有中国特色的政府会计标准体系。

《政府会计制度》统一了现行各类行政事业单位会计标准，夯实了部门和单位编制权责发生制财务报告和全面反映运行成本并同时反映预算执行情况的核算基础，适用于各级各类行政事业单位，大大提高了政府会计主体间会计信息的可比性。

（一）《政府会计制度》的结构和主要内容

《政府会计制度》由正文和附录组成，包括如下内容。

第一部分为总说明，主要规范《政府会计制度》的制定依据、适用范围、会计核算模式和会计要素、会计科目设置要求、报表编制要求、会计信息化工作要求和施行日期等内容。

第二部分为会计科目名称和编号，主要列出了财务会计和预算会计两类科目表，共计 103 个一级会计科目，其中，财务会计下有资产、负债、净资产、收入和费用五个要素共 77 个一级科目，预算会计下有预算收入、预算支出和预算结余三个要素共 26 个一级科目。

第三部分为会计科目使用说明，主要对 103 个一级会计科目的核算内容、明细核算要求、主要账务处理等进行详细规定。本部分内容是《政府会计制度》的核心内容。

第四部分为报表格式，主要规定财务报表和预算会计报表的格式，其中，财务报表包括资产负债表、收入费用表、净资产变动表、现金流量表及报表附注，预算会计报表包括预算收入支出表、预算结转结余变动表和财政拨款预算收入支出表。

第五部分为报表编制说明，主要规定了第四部分列出的 7 张报表的编制说明，以及报表附注应披露的内容。

附录为主要业务和事项账务处理举例。本部分采用列表方式，以《政府会计制度》第三部分规定的会计科目使用说明为依据，按照会计科目顺序对单位通用业务或共性业务和事项的账务处理进行举例说明。

(二)《政府会计制度》的重大变化与创新[①]

与现行行政事业单位会计制度相比，《政府会计制度》有以下重大变化与创新。

1. 重构了政府会计核算模式

在系统总结分析传统单系统预算会计体系利弊的基础上，《政府会计制度》按照《改革方案》和《基本准则》的要求，使"财务会计和预算会计适度分离并相互衔接"的会计核算模式在制度层面真正落地。"适度分离"是指适度分离

---

① 韩俊仕，郭靖，许娟. 政府会计制度要点解读与案例精讲 [M]. 北京：企业管理出版社，2019.

政府预算会计和财务会计功能、决算报告和财务报告功能，全面反映政府会计主体的预算执行信息和财务信息。"相互衔接"是指在同一会计核算系统中政府预算会计要素和相关财务会计要素相互协调，决算报告和财务报告相互补充，共同反映政府会计主体的预算执行信息和财务信息。主要体现在：一是对纳入部门预算管理的现金收支进行"平行记账"。对于纳入部门预算管理的现金收支业务，在进行财务会计核算的同时也应当进行预算会计核算。对于其他业务，仅需要进行财务会计核算。二是财务报表与预算会计报表之间存在勾稽关系。通过编制"本期预算结余与本期盈余差异调节表"并在报表附注中进行披露，反映单位财务会计和预算会计因核算基础和核算范围不同所产生的本年盈余数（即本期收入与费用之间的差额）与本年预算结余数（本年预算收入与预算支出的差额）之间的差异，从而揭示财务会计和预算会计的内在联系。这种会计核算模式兼顾了现行部门决算报告制度的需要，又能满足部门编制权责发生制财务报告的要求，对于规范政府会计行为，夯实政府会计主体预算和财务管理基础，强化政府绩效管理具有深远的影响。

2. 统一了现行各类单位会计制度

《政府会计制度》整合了《行政单位会计制度》《事业单位会计制度》和医院、基层医疗卫生机构、高等学校、中小学校、科学事业单位、彩票机构、地勘单位、测绘单位、国有林场和苗圃等行业事业单位会计制度的内容。在科目设置、科目和报表项目说明中，一般情况下，不再区分行政和事业单位，也不再区分行业事业单位；在核算内容方面，基本保留了现行各类制度中的通用业务和事项，同时根据改革需要增加各级各类行政事业单位的共性业务和事项；在会计政策方面，对同类业务尽可能做出同样的处理规定。通过会计制度的统一，大大提高了政府各部门、各单位会计信息的可比性，为合并单位、部门财务报表和逐级汇总编制部门决算奠定了坚实的制度基础。

3. 强化了财务会计功能

《政府会计制度》在财务会计核算中全面引入了权责发生制，在会计科目设置和账务处理说明中着力强化财务会计功能，如增加了收入和费用两个财务会计要素的核算内容，并原则上要求按照权责发生制进行核算；增加了应收款项和应付款项的核算内容,对长期股权投资采用权益法核算,确认自行开发形成的无形资产的成本,要求对固定资产、政府储备物资、保障性住房和无形资产计提折旧或摊销,引入坏账准备等减值概念,确认预计负债、待摊费用和预提费用等。在政府会计核算中强化财务会计功能,对于科学编制权责发生制政府财务报告、准确反映单位财务状况和运行成本等情况具有重要的意义。

4. 扩大了政府资产负债核算范围

《政府会计制度》扩大了资产负债的核算范围。除按照权责发生制核算原则增加有关往来账款的核算内容,在资产方面,增加了政府储备物资、公共基础设施、文物文化资产、保障性住房和受托代理资产的核算内容,以全面核算单位控制的各类资产;增加了"研发支出"科目,以准确反映单位自行开发无形资产的成本。在负债方面,增加了预计负债、受托代理负债等核算内容,以全面反映单位所承担的现时义务。此外,为了准确反映单位资产扣除负债之后的净资产状况,《政府会计制度》立足单位会计核算需要、借鉴国际公共部门会计准则相关规定,将净资产按照主要来源分类为累计盈余和专用基金,并根据净资产其他来源设置了权益法调整、无偿调拨净资产等会计科目。资产负债核算范围的扩大,有利于全面规范政府单位各项经济业务和事项的会计处理,准确反映政府"家底",为相关决策提供更加有用的信息。

5. 完善了预算会计功能

根据《改革方案》要求,《政府会计制度》对预算会计科目及其核算内容进行了调整和优化,以进一步完善预算会计功能。在核算内容上,预算会计仅需核算预算收入、预算支出和预算结余。在核算基础上,预算会计除按《预算法》要求的权责发生制事项外,均采用收付实现制核算,有利于避免现行制度下存在的虚列预算收支的问题。在核算范围上,为了体现《预算法》的精神和部门综合预算的要求,《政府会计制度》将依法纳入部门预算管理的现金收支均纳入预算会计核算范围,如增设了债务预算收入、债务还本支出、投资支出等。调整完善后的预算会计,能够更好贯彻落实《预算法》的相关规定,更加准确地反映部门和单位预算收支情况,更加满足部门、单位预算和决算管理的需要。

6. 整合了基建会计核算

按照原制度规定,单位对于基本建设投资的会计核算除遵循相关会计制度规定外，还应当按照国家有关基本建设会计核算的规定单独建账、单独核算，但同时应将基建账相关数据按期并入单位"大账"。《政府会计制度》依据《基本建设财务规则》和相关预算管理规定，在充分吸收《国有建设单位会计制度》合理内容的基础上对单位建设项目会计核算进行了规定。单位对基本建设投资按照本制度规定统一进行会计核算，不再单独建账，大大简化了单位基本建设业务的会计核算，有利于提高单位会计信息的完整性。

7. 完善了报表体系和结构

《政府会计制度》将报表分为预算会计报表和财务报表两大类。预算会计报表由预算收入支出表、预算结转结余变动表和财政拨款预算收入支出表组成，是编制部门决算报表的基础。

财务报表由会计报表和报表附注构成，会计报表由资产负债表、收入费用表、净资产变动表和现金流量表组成。单位可自行选择编制现金流量表。此外，《政府会计制度》针对新的核算内容和要求对报表结构进行了调整和优化，对报表附注应当披露的内容进行了细化，对会计报表重要项目说明提供了可参考的披露格式，要求按经济分类披露费用信息，要求披露本年预算结余和本年盈余的差异调节过程等。调整完善后的报表体系，对于全面反映单位财务信息和预算执行信息，提高部门、单位会计信息的透明度和决策有用性具有重要的意义。

8. 增强了制度的可操作性

《政府会计制度》在附录中采用列表方式，以《政府会计制度》中规定的会计科目使用说明为依据，按照会计科目顺序对单位通用业务或共性业务和事项的账务处理进行了举例说明。在举例说明时，对同一项业务或事项，在表格中列出财务会计分录的同时，平行列出相对应的预算会计分录（如果有）。通过对经济业务和事项举例说明，能够充分反映《政府会计制度》所要求的财务会计和预算会计"平行记账"的核算要求，便于会计人员学习和理解政府会计八要素的记账规则，也有利于单位会计核算信息系统的开发或升级改造。

四、系列补充规定及衔接规定①

为了确保《政府会计制度》在各类行政事业单位的有效贯彻实施，财政部印发了《〈政府会计制度——行政事业单位会计科目和报表〉与〈行政单位会计制度〉有关衔接问题的处理规定》和《〈政府会计制度——行政事业单位会计科目和报表〉与〈事业单位会计制度〉有关衔接问题的处理规定》在此基础上又先后印发了国有林场和苗圃、测绘事业单位、地质勘查事业单位、高等学校、中小学校、医院、基层医疗卫生机构、科学事业单位、彩票机构等9类行业事业单位执行《政府会计制度》的补充规定和衔接规定（以下简称为系列补充规定和衔接规定）。

《政府会计制度》是按照统一性原则，在整合现行行政单位、事业单位和9类行业事业单位会计制度基础上形成的，部分行业事业单位的特殊业务未完全体现在《政府会计制度》中。因此，为了规范医院、高等学校、科学事业单位等行业事业单位特殊经济业务或事项的会计核算，确保新旧制度顺利过渡，需要结合行业单位实际情况，对《政府会计制度》做出必要补充。

（一）系列补充规定规范的范围和主要内容

特殊行业事业单位执行《政府会计制度》的补充规定共有7项，具体包括医院、基层医疗卫生机构、高等学校、中小学校、科学事业单位、彩票机构、国有林场和苗圃等7个行业的补充规定。

1. 规范的范围

系列补充规定主要规范两类事项：一是现行制度已经规范而《政府会计制度》没有明确规范的内容，如事业（预算）收入、业务活动费用、单位管理费用和事业支出明细科目的设置及涉及报表的细化问题，高等学校和中小学校有关食堂等非法人独立核算单位的会计核算问题，国有林场和苗圃的林木资产会计问题，彩票机构有关彩票销售和结算的会计处理等。二是现行制度和《政府会计制

---

① 韩俊仕，郭靖，许娟. 政府会计制度要点解读与案例精讲 [M]. 北京：企业管理出版社，2019：23-24.

度》均未明确规定的特殊行业事业单位的典型业务或事项，如实行收支两条线管理的基层医疗卫生机构的待结算医疗款、高等学校留本基金①的会计处理等。

2. 规范的内容

系列补充规定主要包括四方面的内容。

一是新增一级科目及其使用说明。系列补充规定共增设了6个一级科目，其中基层医疗卫生机构增设"待结算医疗款"科目，彩票机构增设"彩票销售结算""应付返奖奖金"和"应付代销费"3个一级科目，国有林场和苗圃增设"营林工程"和"林木资产"2个一级科目。

二是在《政府会计制度》相关一级科目下设置明细科目。系列补充规定主要在"事业（预算）收入""事业支出""业务活动费用""单位管理费用""应收/预付账款""应付/预收账款""库存物品"等《政府会计制度》规定的一级科目下增设相关明细科目，以反映行业事业单位的业务特点，满足会计核算和管理要求。

三是对报表的补充。系列补充规定在报表方面主要做了以下补充：在《政府会计制度》规定的"资产负债表"、"收入费用表"等主表中增加了相关项目或在现有项目下增加了明细项目，以反映所增设的一级科目及明细科目对报表的影响；增设了若干明细表，作为主表的附表，以满足行业管理要求，如医院增设了"医疗活动收入费用明细表"，基层医疗卫生机构增设了"待结算医疗款明细表"和"医疗及公共卫生收入费用明细表"，彩票机构增设了"返奖奖金变动明细表"和"彩票资金分配明细表"；补充了部分行业事业单位报表附注披露要求。

四是对行业特殊经济业务和事项会计处理的补充。系列补充规定还对行业事业单位特殊经济业务和事项从会计确认计量、账务处理等方面进行了明确和规范，如医院医保结算差额、医事服务费和药事服务费的会计处理、高等学校留本基金的会计处理、科学事业单位合作项目款的账务处理等，此外，系列补充规定统一规定了医院、基层医疗卫生机构、高等学校和中小学校固定资产折旧年限。

---

① 留本基金指资产提供者特别限定仅以收益安排支出的基金。

（二）系列衔接规定规范的主要内容

行政事业单位执行《政府会计制度》的衔接规定共有 11 项，具体包括行政单位、事业单位 2 项衔接规定以及医院、基层医疗卫生机构、高等学校、中小学校、科学事业单位、地质勘查事业单位、测绘事业单位、彩票机构、国有林场和苗圃 9 项行业衔接规定。11 项衔接规定主要就单位如何做好新旧制度的衔接工作进行规范，具体而言，系列衔接规定主要规范了以下内容。

一是新旧制度衔接的总体要求。系列衔接规定要求单位应当按照规定做好几方面的具体工作，并按照《政府会计制度》及补充规定的要求对原有会计信息系统进行及时更新和调试，实现数据正确转换，确保新旧账套的有序衔接。

二是财务会计科目的新旧衔接要求。系列衔接规定要求单位应当按照《政府会计制度》及补充规定的要求将 2018 年 12 月 31 日原账会计科目余额转入新账财务会计科目、将原未入账事项登记新账并对新账的相关财务会计科目余额按照新制度规定的会计核算基础进行调整。

三是预算会计科目的新旧衔接要求。系列衔接规定要求单位应当根据《政府会计制度》及补充规定的要求，在原制度净资产类科目的基础上按照预算会计核算基础调整形成预算会计科目期初余额。

四是财务报表和预算会计报表的新旧衔接要求。系列衔接规定要求单位应当根据 2019 年 1 月 1 日新账的财务会计科目余额，按照新制度编制 2019 年 1 月 1 日资产负债表；按照新制度规定编制 2019 年财务报表和预算会计报表，在编制 2019 年度收入费用表、净资产变动表、现金流量表和预算收入支出表、预算结转结余变动表时，不要求填列与上年比较数。

第三节　政府会计的核算模式

一、政府会计核算的基本前提

会计核算前提也称会计假设，是组织会计核算工作所必须具备的前提条件。

政府会计核算的基本前提包括会计主体、持续运行、会计分期和货币计量。

(一) 会计主体

会计主体是指会计为之服务的特定单位或组织，其决定了会计核算和监督的空间范围。会计主体的前提条件回答了会计为谁核算的问题，明确会计主体是开展会计确认、计量和报告工作的重要前提。

《基本准则》第六条规定："政府会计主体应当对其自身发生的经济业务或者事项进行会计核算。"

(二) 持续运行

持续运行是指会计主体的经济业务活动将无限期地持续下去，是针对由于某些因素可能导致会计主体终止经济业务活动的非正常情况而言的。持续运行的前提条件，可以使会计核算的程序、方法以及为经济决策提供的会计信息保持一定的稳定性和可靠性。

《基本准则》第七条规定："政府会计核算应当以政府会计主体持续运行为前提。"

(三) 会计分期

会计分期是指将会计主体持续运行的过程，人为地划分为相等的时间阶段，以便分期结算账目和编制会计报表，确定各期间的财务状况、运行情况。会计分期基本前提是持续运行前提的必要补充。有了会计分期这一前提，才产生了本期与非本期的区别，才有期初、期末的概念。只有划清会计分期，才能按会计期间提供收入、费用、成本、财务状况和运行情况等会计信息资料，才有可能对不同会计期间的会计信息进行比较。

《基本准则》第八条规定："政府会计核算应当划分会计期间，分期结算账目，按规定编制决算报告和财务报告。会计期间至少分为年度和月度。会计年度、月度等会计期间的起讫日期采用公历日期。"《预算法》第十八条规定："预算年度自公历一月一日起，至十二月三十一日止。"

（四）货币计量

货币计量是指会计主体的会计核算应采用统一的货币单位作为计量标准，以便综合、全面、系统、完整地反映会计主体的经济活动。货币计量是建立在货币本身价值稳定不变基础之上的，除非发生恶性通货膨胀时才对这一前提做某些修正。根据这一前提，政府会计的核算对象只限于那些能够用货币来计量的经济活动。

《基本准则》第九条规定："政府会计核算应当以人民币作为记账本位币。发生外币业务时，应当将有关外币金额折算为人民币金额计量，同时登记外币金额。"

二、政府会计信息质量要求

政府会计信息质量要求是对政府会计所提供会计信息的基本要求，是处理具体会计业务的基本依据，是衡量会计信息质量的重要标准。政府会计信息质量要求主要包括以下几个方面。

（一）客观性要求

客观性要求，是指会计核算所提供的信息应当以实际发生的经济业务为依据，如实反映政府会计主体的财务状况、运行情况、现金流量等信息，保证会计信息的真实可靠。

《基本准则》第十一条规定："政府会计主体应当以实际发生的经济业务或者事项为依据进行会计核算，如实反映各项会计要素的情况和结果，保证会计信息真实可靠。"

（二）全面性要求

全面性要求，是指政府会计主体应当将发生的各项经济业务或者事项统一纳入会计核算，确保会计信息能够全面反映政府会计主体预算执行情况和财务状况、运行情况、现金流量等。

《基本准则》第十二条规定："政府会计主体应当将发生的各项经济业务或

者事项统一纳入会计核算，确保会计信息能够全面反映政府会计主体预算执行情况和财务状况、运行情况、现金流量等。"

（三）相关性要求

相关性要求，是指会计核算所提供的会计信息应当有助于信息使用者正确做出经济决策，会计所提供的信息要同经济决策相关联。

《基本准则》第十三条规定："政府会计主体提供的会计信息，应当与反映政府会计主体公共受托责任履行情况以及报告使用者决策或者监督、管理的需要相关，有助于报告使用者对政府会计主体过去、现在或者未来的情况做出评价或者预测。"

（四）及时性要求

及时性要求，是指政府会计主体应当及时对已经发生的经济业务或事项进行会计核算，讲求时效，以便使用者及时利用会计信息。失去时效的会计信息，成为历史资料，对决策的有用性将大大降低。

《基本准则》第十四条规定："政府会计主体对已经发生的经济业务或者事项，应当及时进行会计核算，不得提前或者延后。"

（五）可比性要求

可比性要求，是指会计核算应当按照规定的处理方法进行，会计指标应当口径一致，相互可比。不同的单位，尤其是同一行业的不同单位，处理同一业务问题要使用相同的程序和方法，以便相互比较，判断优劣。

《基本准则》第十五条规定："政府会计主体提供的会计信息应当具有可比性。同一政府会计主体不同时期发生的相同或者相似的经济业务或者事项，应当采用一致的会计政策，不得随意变更。确需变更的，应当将变更的内容、理由及其影响在附注中予以说明。不同政府会计主体发生的相同或者相似的经济业务或者事项，应当采用一致的会计政策，确保政府会计信息口径一致，相互可比。"

（六）明晰性要求

明晰性要求，是指会计记录和会计报告应当清晰明了，便于理解和利用，数据记录和文字说明要能一目了然地反映经济活动的来龙去脉，对有些不易理解的问题，应在财务情况说明书中做出说明。

《基本准则》第十六条规定："政府会计主体提供的会计信息应当清晰明了，便于报告使用者理解和使用。"

（七）实质重于形式要求

实质重于形式要求，是指政府会计主体应当按照业务活动或事项的经济实质进行会计核算，而不应当仅仅按照它们的法律形式作为会计核算的依据。在实际工作中，交易或事项的外在形式或人为形式并不能完全真实地反映其实质内容，因此会计信息拟反映的交易或事项，必须根据交易或事项的实质和经济现实，而非根据它们的法律形式进行核算。

《基本准则》第十七条规定："政府会计主体应当按照经济业务或者事项的经济实质进行会计核算，不限于以经济业务或者事项的法律形式为依据。"

三、政府会计核算基础

政府会计的核算，应当对其自身所发生的经济业务或者事项进行客观真实的反映。政府会计由预算会计和财务会计构成，预算会计实行收付实现制，财务会计实行权责发生制。在进行政府会计核算时，应当以政府会计主体持续运行为前提，正确划分会计期间，分期结算账目，以人民币作为记账本位币，采用借贷记账法进行具体核算。

（一）记账基础

会计事项的记账基础，是指会计确认、计量、记录和报告的基础，包括权责发生制和收付实现制。它的起因是会计分期。由于会计分期，自然产生了当期与其他期间的差别。很多的经济业务是属于本期的，也有很多的业务是跨期的，当收款权利的取得和实际收款的时间不在同一会计期间，或者付款义务产生的时间和实际付款的时间不在同一会计期间等情况出现时，就需要确定收入和费用到底在哪一个期间确认的问题，只有解决了这个问题才能正确计算本期和其他期间的盈亏问题。解决这一问题，就需要用到记账基础，记账基础不同，确认的结果往往会有差异。

1. 权责发生制

权责发生制，也称应计制或应收应付制，是指收入、费用的确认应当以权利和责任的实际发生作为确认标准的一种会计基础。

权责发生制要求凡是当期已经实现的收入、已经发生和应当承担的费用，不论款项是否收付，都应当作为当期的收入、费用；凡是不属于当期的收入、费用，即使款项已经在当期收付，也不应当作为当期的收入、费用。权责发生制主要从时间上规定会计确认的基础，其核心是根据权、责关系实际发生的期间来确认收入和费用。根据权责发生制进行收入与成本、费用的核算，尽管在收入和费用的确认上思考过程比较复杂，核算手续比较烦琐，但其最大的优点是能够更加准确地反映特定期间真实的财务状况。

2. 收付实现制

收付实现制，也称实收实付制、现金制，是以收到或支付现金确认为收入和费用的标准，是与权责发生制相对应的一种会计基础。

在收付实现制下记账，要求凡属于本期实际收到款项和实际支付款项，不管其权利和责任是否应归属本期，都应作为本期的收入和费用入账；反之，凡本期未实际收到款项和未实际支付款项，那么本期就没有收入也没有费用入账。

(二) 记账方法

政府会计核算采用借贷记账的方法进行记账。借贷记账法是复式记账法的一种，通常又称为借贷复式记账法。它是以"资产＝负债+净资产"为理论依据，以"借"和"贷"为记账符号，以"有借必有贷，借贷必相等"为记账规则，对每项经济业务都以相等的金额在两个或两个以上有关账户进行记录的一种复式记账法。"借""贷"二字最早是有字面含义的，但是发展到今天，"借""贷"两字逐渐失去其本来含义，变成了纯粹的记账符号，成为会计上的专业术语，用来标明记账的方向，分别代表账户的左方和右方。

1. 借贷记账法的记账符号

所有账户的借方和贷方按相反方向记录增加数和减少数，即一方登记增加额，另一方就登记减少额。"借""贷"都具有增加和减少的双重含义，至于"借"表示增加，还是"贷"表示增加，则取决于账户的性质与所记录经济内容的性质。通常而言，资产类、成本费用类、预算支出类账户的增加用"借"表示，减少用"贷"表示；负债类、净资产类、收入类以及预算收入和预算结余账户的增加用"贷"表示，减少用"借"表示。资产类的备抵账户结构与所调整账户的结构正好相反。

2. 借贷记账法的记账规则

记账规则是指采用某种记账方法登记具体经济业务时应当遵循的规律。借贷记账法的记账规则是"有借必有贷，借贷必相等"。通俗地说，记录一个账户的借方，同时必须记录另一个账户或几个账户的贷方；记录一个账户的贷方，同时必须记录另一个或几个账户的借方。记入借方的金额与记入贷方的金额必须相等。

3. 借贷记账法下的试算平衡

试算平衡，是指根据借贷记账法的记账规则和资产与权益的恒等关系，通过对所有账户的发生额和余额的汇总计算和比较，来检查记录是否正确的一种方法。试算平衡包括发生额试算平衡法和余额试算平衡法两种方法。发生额试算平衡是指全部账户本期借方发生额合计与全部账户本期贷方发生额合计保持平衡，即：全部账户本期借方发生额合计等于全部账户本期贷方发生额合计。余额试算平衡是指全部账户借方期末（初）余额合计与全部账户贷方期末（初）余额合计保持平衡，即全部账户的借方期初余额合计等于全部账户的贷方期初余额合计、全部账户的借方期末余额合计等于全部账户的贷方期末余额合计。

四、政府会计要素

对特定主体一定期间的经济业务进行核算，就是要根据实际需要按确定的标准对业务引起的要素变化进行细分和科学归类、汇总。会计要素正是对财务会计对象进行的基本分类和具体化的结果。为了系统、完整地核算和监督特定主体经济活动的发生情况及结果，为经济管理提供有用的会计信息，在明确财务会计对象是资金运动后，还必须对纷繁复杂的资金运动进行进一步的细分和科学归类。其中，对资金运动进行第二层分类就成为会计要素。

会计要素是指根据交易或者事项的经济特征所确定的财务会计对象的基本分类，是会计核算对象的具体化，是用于反映特定会计主体财务状况和经营成果的基本单位，是构成会计报表的基本组件。

（一）政府会计要素的分类

我国《政府会计准则》将会计要素划分为预算会计要素和财务会计要素两类。

1. 预算会计要素

政府预算会计要素包括预算收入、预算支出与预算结余。符合预算收入、预算支出和预算结余定义及其确认条件的项目应当列入政府决算报表。

预算收入是指政府会计主体在预算年度内依法取得并纳入预算管理的现金流入。预算收入一般在实际收到时予以确认，以实际收到的金额计量。

预算支出是指政府会计主体在预算年度内依法发生并纳入预算管理的现金流出。预算支出一般在实际支付时予以确认，以实际支付的金额计量。

预算结余是指政府会计主体预算年度内预算收入扣除预算支出后的资金余额，以及历年滚存的资金余额。预算结余包括结余资金和结转资金。结余资金是指年度预算执行终了，预算收入实际完成数扣除预算支出和结转资金后剩余的资金。结转资金是指预算安排项目的支出年终尚未执行完毕或者因故未执行，且下年需要按原用途继续使用的资金。

2. 财务会计要素

政府财务会计要素包括资产、负债、净资产、收入和费用。

资产是指政府会计主体过去的经济业务或者事项形成的，由政府会计主体控制的，预期能够产生服务潜力或者带来经济利益流入的经济资源。所谓服务潜力是指政府会计主体利用资产提供公共产品和服务以履行政府职能的潜在能力。经济利益流入表现为现金及现金等价物的流入，或者现金及现金等价物流出的减少。政府会计主体的资产按照流动性，分为流动资产和非流动资产。流动资产是指预计在1年内（含1年）耗用或者可以变现的资产，包括货币资金、短期投资、应收及预付款项、存货等。非流动资产是指流动资产以外的资产，包括固定资产、在建工程、无形资产、长期投资、公共基础设施、政府储备资产、文物文化资产、保障性住房和自然资源资产等。

负债是指政府会计主体过去的经济业务或者事项形成的，预期会导致经济资源流出政府会计主体的现时义务。现时义务是指政府会计主体在现行条件下已承担的义务。未来发生的经济业务或者事项形成的义务不属于现时义务，不应当确认为负债。政府会计主体的负债按照流动性，分为流动负债和非流动负债。流动负债是指预计在1年内（含1年）偿还的负债，包括应付及预收款项、应付职工薪酬、应缴款项等。非流动负债是指流动负债以外的负债，包括长期应付款、应付政府债券和政府依法担保形成的债务等。

净资产是指政府会计主体资产扣除负债后的净额。净资产金额取决于资产和负债的计量。净资产项目与资产项目、负债项目应当列入资产负债表。

收入是指报告期内导致政府会计主体净资产增加、含有服务潜力或者经济利益的经济资源的流入。

费用是指报告期内导致政府会计主体净资产减少、含有服务潜力或者经济利益的经济资源的流出。

符合收入、费用定义和确认条件的项目，应当列入收入费用表。

（二）财务会计要素的确认与计量

1. 资产的确认与计量

符合资产定义的经济资源，在同时满足以下条件时，确认为资产：

（1）与该经济资源相关的服务潜力很可能实现或者经济利益很可能流入政府会计主体；

（2）该经济资源的成本或者价值能够可靠地计量。

资产的计量属性主要包括历史成本、重置成本、现值、公允价值和名义金额。政府会计主体在对资产进行计量时，一般应当采用历史成本。在历史成本计量下，资产按照取得时支付的现金金额或者支付对价的公允价值计量。采用重置成本、现值、公允价值计量的，应当保证所确定的资产金额能够持续、可靠计量。在重置成本计量下，资产按照现在购买相同或者相似资产所需支付的现金金额计量。在现值计量下，资产按照预计从其持续使用和最终处置中所产生的未来净现金流入量的折现金额计量。在公允价值计量下，资产按照市场参与者在计量日发生的有序交易中，出售资产所能收到的价格计量。无法采用上述计量属性的，采用名义金额（即人民币1元）计量。

2. 负债的确认与计量

符合负债定义的义务，在同时满足以下条件时，确认为负债：

（1）履行该义务很可能导致含有服务潜力或者经济利益的经济资源流出政府会计主体；

（2）该义务的金额能够可靠地计量。

负债的计量属性主要包括历史成本、现值和公允价值。政府会计主体在对负债进行计量时，一般应当采用历史成本。在历史成本计量下，负债按照因承担现时义务而实际收到的款项或者资产的金额，或者承担现时义务的合同金额，或者按照为偿还负债预期需要支付的现金计量。在现值计量下，负债按照预计期限内需要偿还的未来净现金流出量的折现金额计量。在公允价值计量下，负债按照市场参与者在计量日发生的有序交易中，转移负债所需支付的价格计量。采用现值、公允价值计量的，应当保证所确定的负债金额能够持续、可靠计量。

3. 净资产的确认与计量

净资产是政府会计主体资产扣除负债后的净额。净资产的确认、计量不能单独进行，主要取决于资产、负债、收入、费用等其他会计要素的确认和计量。净资产在数量上等于资产总额扣除负债后的净额，所以净资产的计量取决于资产和负债的计量。

4. 收入、费用的确认和计量

（1）收入的确认应当同时满足以下条件：

①与收入相关的含有服务潜力或者经济利益的经济资源很可能流入政府会计主体；

②含有服务潜力或者经济利益的经济资源流入会导致政府会计主体资产增加或者负债减少；

③流入金额能够可靠地计量。

（2）费用的确认应当同时满足以下条件：

①与费用相关的含有服务潜力或者经济利益的经济资源很可能流出政府会计主体；

②含有服务潜力或者经济利益的经济资源流出会导致政府会计主体资产减少或者负债增加；

③流出金额能够可靠地计量。

在对收入、费用会计要素进行计量时，一般应当采用交易发生时的公允价值进行计量，并应当保证所确定的收入、费用会计要素金额能够持续取得并可靠计量。

五、政府会计科目

会计要素是对会计对象第三层次的分类，为核算提供了类别指标，但核算不仅要反映要素总括数量的变化，还要提供一系列分类指标和具体信息，所以需要将会计要素细分为更具体的会计科目。同时，因会计科目本身只是要素某一具体内容的名称，无法反映某项经济内容的增减变动及其余额，所以还要据以设置账户，连续、系统地记录经济业务引起的要素变化。

会计要素是对会计对象的分类，为会计核算提供了类别指标，但是特定主体的经济业务发生后，从会计核算信息使用的角度，不仅要求提供会计要素总括的数量变化，还要提供一系列分类指标和具体会计信息，以反映会计主体特定时点的财务状况和特定时期的经营成果。所以，就需要在会计要素指标下进行第三层次的划分，细分后的每一个具体内容都需要命名一个名称，这其实就是会计科目。学习会计基础知识，掌握基本核算技能，首先就要熟悉和认识会计科目，合理设置会计科目是正确组织会计核算的前提。

由于经济业务错综复杂，即使业务发生后仅涉及一种会计要素的变动，但其变动的各部分内容的性质也往往不同。比如，机器、设备等固定资产和库存的材料尽管都属于资产，但其在经济活动中的周转方式和所起的作用各不相同；再如，政府投入的资金和债权人投入的资金都构成资金来源，但其形成原因和用途却不同。因此，有必要将资产、负债、净资产、收入、费用会计要素按不同的经济内容进行分类，分类后，每一类都要确定一个合适的名称，这些名称就是会计科目。所以,会计科目,简称科目,就是对会计要素的具体内容进行分类核算的项目。

(一) 会计科目设置的原则

设置会计科目是会计核算的具体方法之一,各单位由于经济业务活动的具体内容、规模大小与业务繁简程度等情况不尽相同,会计主体在设置会计科目时,应考虑其自身特点和具体情况并遵循以下原则。

1. 合法性原则

合法性原则,指所设置的会计科目应当符合国家统一会计制度的规定。在我国,总分类科目原则上由财政部统一制定。遵循这一原则的目的是保证会计核算指标口径的一致,便于不同单位会计指标的可比和逐级汇总。

2. 相关性原则

相关性原则,指所设置的会计科目应为提供有关各方所需要的会计信息服务,满足对外报告与对内管理的要求。

3. 实用性原则

实用性原则,指所设置的会计科目应符合单位自身特点,满足单位实际需要。单位可根据自身的特点,在不影响会计核算要求以及对外提供统一财务会计报表的前提下,自行增设、减少或合并某些会计科目。

另外,会计科目要简明、适用,并要合理分类、科学编号。

会计科目按其提供信息的详细程度及其统驭关系,可以分为总分类科目和明细分类科目。(1) 总分类科目,又称总账科目或一级科目,是对会计要素的具体内容进行总括分类,提供总括信息的会计科目。按我国会计准则的规定,总分类科目一般由财政部统一制定。(2) 明细分类科目,又称明细科目,是对总分类科目做进一步分类,提供更为详细和具体会计信息的科目。如果某一总分类科目所属的明细分类科目较多,可在总分类科目下设置二级明细科目,在二级明细科目下设置三级明细科目。明细分类科目除去会计准则有明确设置规定外,会计主体可以根据自身经济管理的需要和经济业务的具体内容自行设置。应当注意的是,并不是所有总分类科目都需要设置明细科目。

每个会计科目都有确定的号码，一方面作为顺序号，便于了解使用会计科目的总数；另一方面，也是会计科目的代码，便于登记账册和查阅账目，为会计电算化提供了条件。其中第 1 位数字代表会计科目类别："1"——资产类："2"——负债类；"3"——净资产类；"4"——收入类；"5"——费用类；"6"——预算收入类；"7"——预算支出类；"8"——预算结余类。第二位数字可以划分大类下面小类；剩余两码为流水号。

(二) 预算会计常用会计科目

在我国《政府会计制度——行政事业单位会计科目和报表》中，规定了政府会计的预算会计科目。我国政府会计各类常用的预算会计科目如下所示。

1. 预算收入类科目

预算收入类具体科目核算内容如下：

财政拨款预算收入科目（6001）核算单位从同级政府财政部门取得的各类财政拨款。

事业预算收入科目（6101）核算事业单位开展业务活动及其辅助活动取得的现金流入。

上级补助预算收入科目（6201）核算事业单位从主管部门和上级单位取得的非财政补助现金流入。

附属单位上缴预算收入科目（6301）核算事业单位取得附属独立核算单位根据有关规定上缴的现金流入。

经营预算收入科目（6401）核算事业单位在业务活动及其辅助活动之外开展非独立核算经营活动取得的现金流入。

债务预算收入科目（6501）核算事业单位按照规定从银行和其他金融机构等借入的、纳入部门预算管理的、不以财政资金作为偿还来源的债务本金。

非同级财政拨款预算收入科目（6601）核算单位从非同级政府财政部门取得的财政拨款，包括本级横向转拨财政款和非本级财政拨款。

投资预算收益科目（6602）核算事业单位取得的按照规定纳入部门预算管理的属于投资收益性质的现金流入，包括股权投资收益、出售或收回债券投资所取得的收益和债券投资利息收入。

其他预算收入科目（6609）核算单位除财政拨款预算收入、事业预算收入、上级补助预算收入、附属单位上缴预算收入、经营预算收入、债务预算收入、非同级财政拨款预算收入、投资预算收益之外的纳入部门预算管理的现金流入，包括捐赠预算收入、利息预算收入、租金预算收入、现金盘盈收入等。

2. 预算支出类科目

预算支出类具体科目核算内容如下：

行政支出科目（7101）核算行政单位履行其职责实际发生的各项现金流出。

事业支出科目（7201）核算事业单位开展业务活动及其辅助活动实际发生的各项现金流出。

经营支出科目（7301）核算事业单位在业务活动及其辅助活动之外开展非独立核算经营活动实际发生的各项现金流出。

上缴上级支出科目（7401）核算单位按照财政部门和主管部门的规定上缴上级单位款项发生的现金流出。

对附属单位补助支出科目（7501）核算事业单位用财政拨款预算收入之外的收入对附属单位补助发生的现金流出。

投资支出科目（7601）核算事业单位以货币资金对外投资发生的现金流出。

债务还本支出科目（7701）核算事业单位偿还自身承担的纳入预算管理的从金融机构举借的债务本金的现金流出。

其他支出科目（7901）核算单位除行政支出、事业支出、经营支出、上缴上级支出、对附属单位补助支出、投资支出、债务还本支出以外的各项现金流出，包括利息支出、对外捐赠现金支出、现金盘亏损失、接受捐赠（调入）和对外捐赠（调出）非现金资产发生的税费支出、资产置换过程中发生的相关税费支出、罚没支出等。

3. 预算结余类科目

预算结余类具体科目核算内容如下：

资金结存科目（8001）核算单位纳入部门预算管理的资金的流入、流出、调整和滚存等情况。

财政拨款结转科目（8101）核算单位取得的同级财政拨款结转资金的调整、

结转和滚存情况。

财政拨款结余科目（8102）核算单位取得的同级财政拨款项目支出结余资金的调整、结转和滚存情况。

非财政拨款结转科目（8201）核算单位除财政拨款收支、经营收支以外各非同级财政拨款专项资金的调整、结转和滚存情况。

非财政拨款结余科目（8202）核算单位历年滚存的非限定用途的非同级财政拨款结余资金，主要为非财政拨款结余扣除结余分配后滚存的金额。

专用结余科目（8301）核算事业单位按照规定从非财政拨款结余中提取的具有专门用途的资金的变动和滚存情况。

经营结余科目（8401）核算单位本年度经营活动收支相抵后余额弥补以前年度经营亏损后的余额。

其他结余科目（8501）核算单位本年度除财政拨款收支、非同级财政专项资金收支和经营收支以外各项收支相抵后的余额。

非财政拨款结余分配科目（8701）核算单位本年度非财政拨款结余分配的情况和结果。

（三）财务会计常用会计科目

在我国《政府会计制度——行政事业单位会计科目和报表》中，规定了财务会计的会计科目，常用的财务会计科目如下所示。

1. 资产类会计科目

具体科目核算内容如下：

库存现金科目（1001）核算单位的库存现金。

银行存款科目（1002）核算单位存入银行或者其他金融机构的各种存款。

零余额账户用款额度科目（1011）核算实行国库集中支付的单位根据财政部门批复的用款计划收到和支用的零余额账户用款额度。

其他货币资金科目（1021）核算单位的外埠存款、银行本票存款、银行汇票存款、信用卡存款等各种其他货币资金。

短期投资科目（1101）核算事业单位按照规定取得的，持有时间不超过1年（含1年）的投资。

财政应返还额度科目（1201）核算实行国库集中支付的单位应收财政返还的资金额度，包括可以使用的以前年度财政直接支付资金额度和财政应返还的财政授权支付资金额度。

应收票据科目（1211）核算事业单位因开展经营活动销售产品、提供有偿服务等而收到的商业汇票，包括银行承兑汇票和商业承兑汇票。

应收账款科目（1212）核算事业单位提供服务、销售产品等应收取的款项，以及单位因出租资产、出售物资等应收取的款项。

预付账款科目（1214）核算单位按照购货、服务合同或协议规定预付给供应单位（或个人）的款项，以及按照合同规定向承包工程的施工企业预付的备料款和工程款。

应收股利科目（1215）核算事业单位持有长期股权投资应当收取的现金股利或应当分得的利润。

应收利息科目（1216）核算事业单位长期债券投资应当收取的利息。

其他应收款科目（1218）核算单位除财政应返还额度、应收票据、应收账款、预付账款、应收股利、应收利息以外的其他各项应收及暂付款项，如职工预借的差旅费、已经偿还银行尚未报销的本单位公务卡欠款、拨付给内部有关部门的备用金、应向职工收取的各种垫付款项、支付的可以收回的订金或押金、应收的上级补助和附属单位上缴款项等。

坏账准备科目（1219）核算事业单位对收回后不需上缴财政的应收账款和其他应收款提取的坏账准备。

在途物品科目（1301）核算单位采购材料等物资时货款已付或已开出商业汇票但尚未验收入库的在途物品的采购成本。

库存物品科目（1302）核算单位在开展业务活动及其他活动中为耗用或出售而储存的各种材料、产品、包装物、低值易耗品，以及达不到固定资产标准的用具、装具、动植物等的成本。

加工物品科目（1303）核算单位自制或委托外单位加工的各种物品的实际成本。

待摊费用科目（1401）核算单位已经支付，但应当由本期和以后各期分别负担的分摊期在1年以内（含1年）的各项费用，如预付航空保险费、预付租金等。

长期股权投资科目（1501）核算事业单位按照规定取得的，持有时间超过 1 年（不含 1 年）的股权性质的投资。

长期债券投资科目（1502）核算事业单位按照规定取得的，持有时间超过 1 年（不含 1 年）的债券投资。

固定资产科目（1601）核算单位固定资产的原值。

固定资产累计折旧科目（1602）核算单位计提的固定资产累计折旧。

工程物资科目（1611）核算单位为在建工程准备的各种物资的成本，包括工程用材料、设备等。

在建工程科目（1613）核算单位在建的建设项目工程的实际成本。

无形资产科目（1701）核算单位无形资产的原值。

无形资产累计摊销科目（1702）核算单位对使用年限有限的无形资产计提的累计摊销。

研发支出科目（1703）核算单位自行研究开发项目研究阶段和开发阶段发生的各项支出。

公共基础设施科目（1801）核算单位控制的公共基础设施的原值。

公共基础设施累计折旧（摊销）科目（1802）核算单位计提的公共基础设施累计折旧和累计摊销。

政府储备物资科目（1811）核算单位控制的政府储备物资的成本。

文物文化资产科目（1821）核算单位为满足社会公共需求而控制的文物文化资产的成本。

保障性住房科目（1831）核算单位为满足社会公共需求而控制的保障性住房的原值。

保障性住房累计折旧科目（1832）核算单位计提的保障性住房的累计折旧。

受托代理资产科目（1891）核算单位接受委托方委托管理的各项资产，包括受托指定转赠的物资、受托存储保管的物资等的成本。

长期待摊费用科目（1901）核算单位已经支出，但应由本期和以后各期负担的分摊期限在 1 年以上（不含 1 年）的各项费用，如以经营租赁方式租入的固定资产发生的改良支出等。

待处理财产损益科目（1902）核算单位在资产清查过程中查明的各种资产盘盈、盈亏和报废、毁损的价值。

2. 负债类会计科目

负债类具体科目核算内容如下：

短期借款科目（2001）核算事业单位经批准向银行或其他金融机构等借入的期限在1年内（含1年）的各种借款。

应缴增值税科目（2101）核算单位按照税法规定计算应缴纳的增值税。

其他应缴税费科目（2102）核算单位按照税法等规定计算应缴纳的除增值税以外的各种税费，包括城市维护建设税、教育费附加、地方教育费附加、车船税、房产税、城镇土地使用税和企业所得税等。

应缴财政款科目（2103）核算单位取得或应收的按照规定应当上缴财政的款项，包括应缴国库的款项和应缴财政专户的款项。

应付职工薪酬科目（2201）核算单位按照有关规定应付给职工（含长期聘用人员）及为职工支付的各种薪酬，包括基本工资、国家统一规定的津贴补贴、规范津贴补贴（绩效工资）、改革性补贴、社会保险费（如职工基本养老保险费、职业年金、基本医疗保险费等）、住房公积金等。

应付票据科目（2301）核算事业单位因购买材料、物资等而开出、承兑的商业汇票，包括银行承兑汇票和商业承兑汇票。

应付账款科目（2302）核算单位因购买物资和服务、开展工程建设等而应付的偿还期限在1年以内（含1年）的款项。

应付政府补贴款科目（2303）核算负责发放政府补贴的行政单位按照规定应当支付给政府补贴接受者的各种政府补贴款。

应付利息科目（2304）核算事业单位按照合同约定应支付的借款利息，包括短期借款、分期付息到期还本的长期借款等应支付的利息。

预收账款科目（2305）核算事业单位预先收取但尚未结算的款项。

其他应付款科目（2307）核算单位除应交增值税、其他应交税费、应缴财政款、应付职工薪酬、应付票据、应付账款、应付政府补贴款、应付利息、预收账款以外，其他各项偿还期限在1年内（含1年）的应付及暂收款项，如收取的押金、存入保证金、已经报销但尚未偿还银行的本单位公务卡欠款等。

预提费用科目（2401）核算单位预先提取的已经发生但尚未支付的费用。

长期借款科目（2501）核算事业单位经批准向银行或其他金融机构等借入的期限超过 1 年（不含 1 年）的各种借款本息。

长期应付款科目（2502）核算单位发生的偿还期限超过 1 年（不含 1 年）的应付款项。

预计负债科目（2601）核算单位对因或有事项所产生的现时义务而确认的负债，如对未决诉讼等确认的负债。

受托代理负债科目（2901）核算单位接受委托取得受托代理资产时形成的负债。

3. 净资产类会计科目

净资产类具体科目核算内容如下：

累计盈余科目（3001）核算单位历年实现的盈余扣除盈余分配后滚存的金额，以及因无偿调入调出资产产生的净资产变动额。

专用基金科目（3101）核算事业单位按照规定提取或设置的具有专门用途的净资产。

权益法调整科目（3201）核算事业单位持有的长期股权投资采用权益法核算时，按照被投资单位除净损益和利润分配以外的所有者权益变动份额调整长期股权投资账面余额而计入净资产的金额。

本期盈余科目（3301）核算单位本期各项收入、费用相抵后的余额。

本年盈余分配科目（3302）核算单位本年度盈余分配的情况和结果。

无偿调拨净资产科目（3401）核算单位无偿调入或调出非现金资产所引起的净资产变动金额。

以前年度盈余调整科目（3501）核算单位本年度发生的调整以前年度盈余的事项，包括本年度发生的重要前期差错更正涉及调整以前年度盈余的事项。

4. 收入类会计科目

收入类具体科目核算内容如下：

财政拨款收入科目（4001）核算单位从同级政府财政部门取得的各类财政拨款。

事业收入科目（4101）核算事业单位开展业务活动及其辅助活动实现的收入，不包括从同级政府财政部门取得的各类财政拨款。

上级补助收入科目（4201）核算事业单位从主管部门和上级单位取得的非财政拨款收入。

附属单位上缴收入科目（4301）核算事业单位取得的附属独立核算单位按照有关规定上缴的收入。

经营收入科目（4401）核算事业单位在业务活动及其辅助活动之外开展非独立核算经营活动取得的收入。

非同级财政拨款收入科目（4601）核算单位从非同级政府财政部门取得的经费拨款，包括从同级政府其他部门取得的横向转拨财政款、从上级或下级政府财政部门取得的经费拨款等。

投资收益科目（4602）核算事业单位股权投资和债券投资所实现的收益或发生的损失。

捐赠收入科目（4603）核算单位接受其他单位或者个人捐赠取得的收入。

利息收入科目（4604）核算单位取得的银行存款利息收入。

租金收入科目（4605）核算单位经批准利用国有资产出租取得并按照规定纳入本单位预算管理的租金收入。

其他收入科目（4609）核算单位取得的除财政拨款收入、事业收入、上级补助收入、附属单位上缴收入、经营收入、非同级财政拨款收入、投资收益、捐赠收入、利息收入、租金收入以外的其他各项收入。

5. 费用类会计科目

费用类具体科目核算内容如下：

业务活动费用科目（5001）核算单位为实现其职能目标，依法履职或开展业务活动及其辅助活动所发生的各项费用。

单位管理费用科目（5101）核算事业单位本级行政及后勤管理部门开展管理活动发生的各项费用，包括单位行政及后勤管理部门发生的人员经费、公用经费、资产折旧（摊销）等费用，以及由单位统一负担的离退休人员经费、工会经费、诉讼费、中介费等。

经营费用科目（5201）核算事业单位在业务活动及其辅助活动之外开展非独

立核算经营活动发生的各项费用。

资产处置费用科目（5301）核算单位经批准处置资产时发生的费用，包括转销的被处置资产价值，以及在处置过程中发生的相关费用或者处置收入小于相关费用形成的净支出。资产处置的形式按照规定包括无偿调拨、出售、出让、转让、置换、对外捐赠、报废、毁损以及货币性资产损失核销等。

上缴上级费用科目（5401）核算事业单位按照财政部门和主管部门的规定上缴上级单位款项发生的费用。

对附属单位补助费用科目（5501）核算事业单位用财政拨款收入之外的收入对附属单位补助发生的费用。

所得税费用科目（5801）核算有企业所得税缴纳义务的事业单位按规定缴纳企业所得税所形成的费用。

其他费用科目（5901）核算单位发生的除业务活动费用、单位管理费用、经营费用、资产处置费用、上缴上级费用、对附属单位补助费用、所得税费用以外的其他各项费用，包括利息费用、坏账损失、罚没支出、现金资产捐赠支出以及相关税费、运输费等。

第四节　新政府会计制度内容变化及优势

一、新政府会计制度内容变化

（一）会计核算体系的变化

新的会计核算体系是新政府会计制度一项重要变化。此次改制也是史无前例的改革，结合了过去行政事业单位的预算会计和企业权责发生制的财务会计，建立了一种全新的双重会计核算管理模式，如图1-1所示。

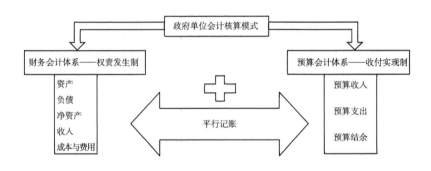

图1-1 政府单位会计核算模式

新的双核算模式将旧制度下的财务核算分离为两项内容，分别是财务会计核算和预算会计核算。将以前单一的预算会计内容改革为更符合当下财政公共信息需求的形式。这种形式既能一目了然地反映出财政资金的收支情况，也能将政府部门的单位资产按照实际情况反映出来。预算会计和财务会计既有联系又存在一定差异。

财务会计主要通过财务要素资产、负债、净资产、收入和费用反映会计核算主体的经营状况及其资金流动情况。它所核算的基础是权责发生制。政府部门作为公共责任的受托承担主体，必须对外提供会计核算报告，包含现金流量表、净资产变动表、资产负债表和收入费用表。

预算会计通过会计要素预算收入、预算支出以及预算结余体现会计核算主体的预算收入、支出履行状况。依然沿用收付实现制，可以清晰明了地反映出财政预算管理的资金的流动情况。预算会计是反映预算执行的载体，提交的财务报告为决算报告，包括地方财政拨款收入支出表、预算结转结余变动表和预算收入支出表。

财务会计与预算会计核算模式既独立，又关联。预算内资金的支付情况既必须在预算中记录，又必须在财务报表中体现。而预算外的资金支付，只需在财务报表中体现。由于权责发生制的财务收入和收付实现制的预算收入的范畴及确定时点差异，费用与支出的范畴及确定时点差异，从而形成了预收、预付等财务处理。

这种会计制度模式，考虑到现有机构信息使用者的需要，通过推动新的政府会计核算模式，有助于为编制全面真实的会计信息创造条件，有助于提升政府绩效管理水平。

（二）会计科目设置及使用的变化

记账是一切财务工作的基础，是一切财务活动的开始。而会计科目的使用又是会计核算工作的基础和开始。会计科目是经济业务中使用到的会计要素的集合，是对经济业务内容的集中反映。会计科目是对会计核算项目根据其经济内涵及作用而进行的科学划分，是各项经济业务按照账户归集的凭据。旧事业单位会计制度，将所有会计核算科目区分为资产类、负债类、净资产类、收入类、成本费用类共48个会计核算科目。新的会计制度将会计科目按财务会计与预算会计分成两大方面，财务会计共77个科目，资产类科目35个，负债类科目16个，净资产类科目7个，收入类科目11个，成本与费用类科目8个。预算会计共有26个科目，预算收入类科目9个，预算支出类科目8个，预算结余类科目9个。

（1）新政府会计制度将旧制度中的存货替换为库存物品、加工物品等，对存货的计量更接近企业的计量准则；把旧制度中的长期投资，替换为长期股权投资和长期债券投资，这样更适应新形势；对原有的资产类科目从核算范围和种类上进行了扩大补充，增加了应收股利、坏账准备、其他货币资金等科目。同时，新制度还将行政事业单位的固定资产，根据不同业务属性分成政府储备物资、保障性住房、公共基础设施、文物文化资产等。使用这些科目能更准确形容业务性质和业务内容。

（2）新政府会计制度中负债类科目对旧制度中的部分科目进行了合并和分解。随着营改增政策在中国企业的广泛应用，增值税逐渐成了国家重点流转税，事业单位财务管理中也产生了对增值税的计量要求。旧制度中的应缴税费分解为应缴增值税和其他应缴税费，这样的设置更符合事业单位财务管理现状。旧制度中的国库款与专户款合并为应缴财政款，专户款和国库款从其属性来看均是财政资金，将两个科目合并为应缴财政款，反映了新制度简化科目的特点。由于资产类科目中增加了证券项目等，负债类科目也相应增加了应付利息、应付政府补贴款等。为适应权责发生制，又增加了预提费用、预计负债、受托代理负债科目。

（3）旧制度的净资产类科目按照新政府会计制度的要求分别归类到财务会计的净资产类和预算会计的预算结余类。删去了旧制度中的事业基金和非流动资产基金和事业结余。财务会计的净资产类科目中增设了以前年度盈余调整、累积盈余、无偿调拨净资产、本期盈余、本年盈余分配、权益法调整，主要是为了适应权责发生制下核算单位实现盈余的需要，加上因无偿划转净资产而形成的净资产变化金额。预算会计的预算结余类科目主要增加了资金结存、专用结余以及其他结余科目。资金结存科目也可以与财务会计中的货币资金类科目相对应，如表1-1所示。

表 1-1　新旧制度下净资产类科目对比

政府会计制度财务会计 净资产	旧制度净资产科目	政府会计制度预算会计 预算结余
本期盈余	事业基金	财政拨款结转
本年盈余分配	非流动资产基金	财政拨款结余
累积盈余	专用基金	非财政拨款结转
无偿调拨净资产	财政补助结转	非财政拨款结余
以前年度盈余调整	财政补助结余	专用结余
权益法调整	非财政补助结转	经营结余
—	非财政补助结余	其他结余
—	事业结余	资金结存
—	经营结余	—

（4）政府会计制度中财务会计有收入类科目，预算会计中也有收入类科目。预算收入反映的是纳入预算管理的资金，财务会计中的收入科目核算范围更广，需要将所有性质的资金都纳入核算范围。为区分各种不同性质和各种资金来源的收入，财务会计中增加了租金收入、捐赠收入、非同级财政拨款收入、利息收入和投资收益科目。预算会计中的收入类科目增设了投资预算收益、债务预算收入、非同级财政拨款预算收入科目。从科目名称可以看到收入类科目互相联系，如表1-2所示。

表 1-2　新旧制度下收入类科目对比

政府会计制度财务会计 收入科目	旧制度收入科目	政府会计制度预算会计 收入科目
财政拨款收入	财政补助收入	财政拨款预算收入
事业收入	事业收入	事业预算收入

续表

政府会计制度财务会计收入科目	旧制度收入科目	政府会计制度预算会计收入科目
上级补助收入	上级补助收入	上级补助预算收入
附属单位上缴收入	附属单位上缴收入	附属单位上缴预算收入
经营收入	经营收入	经营预算收入
非同级财政拨款收入	其他收入	非同级财政拨款预算收入
投资收益		投资预算收益
捐赠收入		债务预算收入
利息收入		—
租金收入		—
其他收入		其他预算收入

（5）新制度中有财务会计的费用类科目和预算会计的支出类科目。按费用的性质，财务会计的费用类科目增加了单位管理费用、业务活动费用、固定资产处置费用以及所得税费用等。为适应行政事业单位越来越多的投资行为，预算会计的支出科目新增了投资支出科目，行政事业单位因业务需求举借债务，新增债务还本支出科目，如表1-3所示。

表1-3 新旧制度下费用类科目对比

政府会计制度财务会计费用科目	旧制度费用科目	政府会计制度预算会计支出科目
业务活动费用	事业支出	行政支出
单位管理费用		事业支出
经营费用	经营支出	经营支出
上缴上级费用	上缴上级支出	上缴上级支出
对附属单位补助费用	对附属单位补助支出	对附属单位补助支出
固定资产处置费用	—	投资支出
所得税费用	—	债务还本支出
其他费用		

财务会计类科目与预算会计类科目根据会计要素分类设置，科目名称不同，科目性质不同，科目核算要求也有不同，但是双模式下设置的科目也有勾稽对应

关系，它们之间的联系也是平行记账的基本原理。科目的设置体现了财务会计和预算会计既独立又关联的特殊关系。

（三）会计报表的变化

财务报告是完成公众受托责任的很重要的一部分，新公共管理理论提出，政府部门应该向社会公众公开预算执行与管理的情况。公众获取政府部门信息的最好渠道是通过单位的财务报告。政府会计制度下财务报告能够将单位的运行情况和资产情况清楚展现出来。会计报表的设置也应该满足信息使用者的需求，能全面有效地将会计主体的财务状况、运行状况和资金流量情况用财务数据体现出来。财务报告反映单位的资产负债情况、收入费用情况，决算报告反映单位的预算资金收支执行状况，如图 1-2 所示。

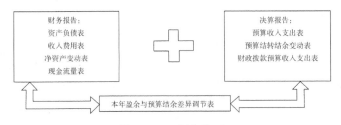

图 1-2 双报告体系

财务报告中的资产负债表是最常用的表，反映的是单位的资产负债情况，同时以本期盈余和累计盈余反映单位的净资产。收入费用表按权责发生制反映收入费用信息。政府会计主体的净资产作为公众关注的重要元素单独编制净资产变动表，对净资产在会计核算当年的变动做详细展示。企业会计准则条件下，公司的财务报告编制中一直以来都有现金流量表，而新增的现金流量表将政府部门单位的资金流动情况用单独报表展示，也是为了满足报表使用者的需求。

决算报告中的预算收入支出表，体现了预算管理系统内资金收付状况，而预算管理系统内的资金收入既包括财政投入，同时还有非同级财政拨款资金、其他部门补助资金等。而财政拨款预算收入支出表只反映单位的财政性资金的收支状况，对财政资金的使用可以一目了然地查阅。预算结转结余变动表和财务报告中的净资产变动表很相似，对预算结余的变化，不管是期初余额调整还是归集上缴都会详细反映在该报表中，从该表中可以看到预算结余资金的各个组成部分。

二、新政府会计制度的优势

（一）新政府会计制度改革在完善绩效评价体系方面的优势

国家推行权责发生制的主要目的，就是使会计信息成为政府决策的重要数据基础，政府部门宏观调控时，可以充分发挥已有的公共资源，实现其最大利用价值。旧制度下的绩效评价体系基于单一的预算会计得到财务数据，存在信息不完整、不考虑期间成本、财政收支情况反映不全面的问题。绩效评价指标的计算依赖真实有效的财务数据，旧制度下的绩效评价体系难以发挥应有作用。随着新政府会计制度引入权责发生制，财务数据更加真实可靠，与财务信息相关的指标更加透明。单位的资产可以更准确地记录，负债也可以全面地反映，内部财务指标和资源的使用效率可以得到充分体现。如此，管理者可以掌握全面的内部会计信息，促进资产管理制度的健全，优化绩效管理系统的应用。绩效评价系统，充分发挥其功能对提升政府公共资源利用效果和单位服务价值具有促进作用，使社会公众知道政府公共资源的有效利用状况，提高政府信息传播的透明度，有助于增强社会公众对政府行政管理工作的信心。

（二）新政府会计制度改革在优化国有资产管理方面的优势

旧事业单位财务体系中对固定资产的计量方法和计提折旧方法都是相对粗放的，固定资产的折旧并没有计入当期的成本费用里，甚至还有固定资产在购置时直接一次性计入当期费用。新政府会计制度确定了不同种类固定资产的折旧期限，统一了计提标准，有助于国有资产的管理。同时规定企业应当按月计提折旧，但与企业会计准则不同，对于当月新建的固定资产，从当月开始计提折旧；当月减少的固定资产，当月不须再计提折旧。这是与之前制度的不同之处，这项改变更符合我国国有资产管理需要。行政事业单位的固定资产都属于国有资产，经过改革，预算单位以计入单位账套中的固定资产凭证录入国有资产管理系统，自动计提折旧，这样保证了单位账面固定资产及其折旧均与国有资产管理系统中的固定资产信息完全相符，有效改善了无法同步的情况。

政府会计制度的最大优点是改变了过去对国有资产计量不准确的问题。对行政事业单位的一些"受托代理资产"单独计量，不再混淆在单位的固定资产里。按行政事业单位的特殊性，加强了"公共基础设施、政府储备物资、文物文化资产、保障性住房"的固定资产管理，不同性质的资产不同计量，将资产的管理责任明确，谁负责谁计量，避免了国有资产的流失。

（三）新政府会计制度改革在提高预算管理水平方面的优势

政府会计制度还对政府预算编制方式做出了全新的规定，政府各项费用和基本开支都必须用不同的方式编入，为避免地方行政机关预算资金的运用不规范，政府会计制度规定单位的所有收入和费用均须列入政府预算。这就要求预算的编制要比过去更为精细，按支出类型对预算资金进行分类，要对各个项目的资金分配准确，能够更细致地控制预算支出，也方便对每一项预算资金的全方位监督和考核。预算的编制有定额标准，在考虑单位上年度资金结余状况的基础上，结合本年度的资金支出计划，对预算资金优化配置，严格按规定使用。新政府会计制度大大提高了会计数据的质量，规范了财务计量过程，财务报告更真实全面，预算报告能够更完整地体现预算资金的收支状况，为预算方案的编制提供了信息保障。

第二章　事业单位财务管理理论透视

第一节　对事业单位的基本认识

一、事业单位的含义

事业单位是指国家为了社会公益目的，由国家机关或者其他组织利用国有资产举办的，从事教育、科技、文化、卫生等活动的社会服务组织。

事业单位一般要接受国家行政机关的领导，要有其组织或机构的表现形式，要成为法人实体。从目前情况来看，事业单位绝大部分由国家出资建立，大多数为行政单位的下属机构，也有一部分由民间建立，或由企业集团建立。事业单位有以下特征：一是不以营利为目的；二是财政及其他单位拨入资金，不以经济利益的获取为回报。

二、事业单位的分类

事业单位一般是国家设置的、带有一定公益性质的机构，但不属于政府机构。一般情况下，国家会对这些事业单位予以财政补助，分为全额拨款事业单位、差额拨款事业单位；还有一种是自收自支、国家不拨款的事业单位。

（一）全额拨款事业单位

全额拨款事业单位是指全额预算管理的事业单位，其所需的事业经费全部由国家预算拨款。

这种管理形式，一般适用于没有收入或收入不稳定的事业单位，如学校、科研单位、卫生防疫、工商管理等事业单位，即人员经费、公用经费都由国家财政提供。采用这种管理形式，有利于国家对事业单位的收入进行全面的管理和监督，同时，也使事业单位的经费得到充分的保证。

（二）差额拨款事业单位

按差额比例拨款，由财政承担部分经费并列入预算，单位承担其余部分，由单位在税前列支，如医院等。

差额拨款单位的人员费用由国家财政拨款，其他费用自筹。按照国家有关规定，差额拨款单位要根据经费自主程度，实行工资总额包干或其他符合自身特点的管理办法，促使其逐步减少对国家财政拨款的依赖，向经费自收自支过渡。

（三）自收自支事业单位

自收自支事业单位是国家不拨款的事业单位。自收自支事业单位作为事业单位的重要组成部分，不需要国家财政直接拨款。

目前，我国正在进行事业单位的分类改革，即按照社会功能将现有事业单位划分为承担行政职能、从事生产经营活动和从事公益服务三类。对完全行使行政职能的事业单位，改革方向是结合深化行政体制改革和政府机构改革，根据具体情况进行相应调整，具备条件的转为行政机构；对承担部分行政职能的事业单位，将其行政职能和公益服务职能与有关单位的职能和机构进行整合。对从事生产经营活动的事业单位，已经实现或经过相应调整后可以实现由市场配置资源的，改革方向是逐步转为企业，依法进行企业注册，并注销事业单位，注销事业编制。对从事公益服务的事业单位，根据职责任务、服务对象和资源配置等方面的不同情况，初步分为公益一类事业单位和公益二类事业单位。承担义务教育、基础性科研、公共文化、公共卫生及基层基本医疗服务等基本公益服务，不能或不宜由市场配置资源的事业单位，划入公益一类，即纯公益类的事业单位，由政府出资保障，不再允许其存在经营活动。承担职业教育、高等教育、非营利性医疗等公益服务的事业单位，可部分由市场配置资源，划入公益二类，即属于准公益类的事业单位，允许其部分由市场配置资源，但不允许其进行以营利为目的的生产经营活动。

事业单位的范围涵盖较广，从行业分布来看，可分为以下 25 类。

（1）科学研究事业单位。

（2）教育事业单位。

（3）文化事业单位。

（4）勘察设计事业单位。

（5）新闻出版事业单位。

（6）广播影视事业单位。

（7）卫生事业单位。

（8）体育事业单位。

（9）农、林、牧、水事业单位。

（10）交通事业单位。

（11）气象事业单位。

（12）地震事业单位。

（13）海洋事业单位。

（14）环境保护事业单位。

（15）测绘事业单位。

（16）信息咨询事业单位。

（17）标准计量、技术监督、质量检测事业单位。

（18）知识产权事业单位。

（19）物资仓储、供销事业单位。

（20）房地产服务、城市公用事业单位。

（21）社会福利事业单位。

（22）经济监督事业单位。

（23）机关后勤服务事业单位。

（24）其他事业单位。

（25）进出口商检事业单位。

三、事业单位的组织特征

（1）依法设立。事业单位的设立，应区分不同情况由法定审批机关批准、依法登记，或者依照法律规定直接进行法人登记。

（2）从事公益服务。事业单位从事的是教育、科技、文化、卫生等涉及人民群众公共利益的服务活动，一般不履行行政管理职能。

（3）不以营利为目的。事业单位一般不从事生产经营活动，经费来源有的需要财政完全保障，有的可通过从事一些经批准的服务活动取得部分收入，但取得的收入只能用于事业单位的再发展，不得用于管理层和职员分红等。

（4）社会组织。事业单位是组织机构而不是个人，要有自己的名称、组织机构和场所，有与其业务活动相适应的从业人员和经费来源，能够独立承担民事责任。

四、事业单位的功能特征

（1）服务性。服务性是事业单位最基本、最鲜明的功能特征。事业单位主要分布在教、科、文、卫等领域，是保障国家政治、经济、文化生活正常进行的社会服务支持系统。

（2）公益性。公益性是由事业单位的社会功能和市场经济体制的要求决定的。在一些领域，如教育、卫生、基础研究、市政管理等，某些产品或服务不能或无法由市场来提供，要由政府组织管理或者委托社会公共服务机构从事社会公共产品的生产，以满足社会发展和公众的需求。

（3）知识密集性。绝大多数事业单位是以脑力劳动为主体的知识密集性组织，专业人才是事业单位的主要构成人员。利用科技文化知识为社会各方面提供服务是事业单位的主要手段。

五、事业单位的资金来源

事业单位的资金来源大致有三种：政府出资，事业收入，民间集资创办、国家予以补贴。我国事业单位大多数由国家出资创办，并受国家行政机关的监督和管理。事业单位的经费与人员工资由国家财政预算的事业费开支。

第二节　事业单位财务管理的特征及内容

一、事业单位财务管理的含义

事业单位财务是客观存在于财政、主管部门、事业单位业务工作和经营活动中的资金运动及其所体现的国家与单位、单位与单位以及单位内部的经济关系，它是事业管理的重要内容。事业单位财务管理必须与事业的发展相适应。

财务管理是一个动态的概念，不同时期有不同的时代特征与时代要求。在新形势下，事业单位进行财务管理，要结合实际，与时俱进，必须包含科学、依法、成效等新内涵。

事业单位财务管理是指事业单位按照国家有关部门的方针、政策、法规和财务制度的规定，有计划地筹集、分配和运用资金，对事业单位的业务活动进行核算、财务监督与控制，以保证事业计划及任务的全面完成，是事业单位行使职能的过程中客观存在的财务活动和财务关系，是事业单位组织财务活动、处理与各方面财务关系的一项管理工作。

事业单位加强财务管理，具有以下儿个方面的作用。

（1）全面反映事业单位以各种形态存在的资产。事业单位无论是以实物形态存在的资产还是以非实物形态存在的资产，都同样具有使用价值和价值，需要予以确认。事业单位财务规则明确了资产的概念，对财务管理做出了比较系统、明确的规定，规范和加强事业单位对外投资管理，使事业单位以各种形态存在的资产得到全面反映，将有利于事业单位加强对资产的全方位管理，更好地发挥资产的作用和效益。

（2）提高事业单位资金效益，强化资金管理。实行会计集中核算后，事业单位的财政资金集中在会计核算中心的单一账户上，有利于财政部门对资金加强统一调度和管理，有利于提高资金使用效益。同时，通过实行会计集中核算，能够全方位、全过程掌握和监督各事业单位每笔资金的流向。

（3）促进事业单位职能的充分发挥。事业单位要发挥职能，就需要资金，资金如何预算，如何使用，都离不开财务管理。财务部门在实施控制和监督的过程中，发现问题并及时反馈给决策者，帮助其改进，以保证职能的顺利发挥。

（4）有效控制事业单位支出。财务部门严格执行财务制度，预算编制坚持"以收定支、收支平衡、统筹兼顾、保证重点"的原则，合理、科学地安排收支。

（5）健全事业单位财务管理制度。财务部门根据本单位的业务特点、管理要求、资金运动、人员配置等，制定规范、合理、人性化的制度，做到有章可循。强化会计监督，减少和杜绝违规、违纪行为的发生。

二、事业单位财务管理的特征

事业单位财务虽然属于部门或基层单位的财务，但也是整个财政体系的重要组成部分，这决定了事业单位财务管理具有自己的特点。

(一) 政策性强

事业单位的资金来源主要依靠财政拨款，其支出是一种无法通过自我资金循环和周转补偿的消耗性支出。因此，事业单位资金的筹集、运用和管理方式都带有很强的政策性。事业单位财务是国家有关方针政策的体现，它的一收一支都直接关系到国家政治、文化建设和群众的切身利益，关系到事业单位计划的实现。因此，事业单位在办理各项收支业务时，要严格执行有关的收支范围和收支标准，严格执行各项财务规章制度及财经纪律。

(二) 以预算管理为中心

预算管理是指单位为了实现确定的经济目标或者管理目标，利用预算编制、预算执行和预算考核等手段进行的相关财务活动。对于事业单位而言，其进行预算管理活动的目的，是为了合理、适时地向社会提供公共产品以及服务而实行的有组织、有计划的管理活动。单位针对预算的管理主要从预算的编制和预算的执行两个方面进行。通过实施预算管理，在发生耗费或者支出最小的情况下，实现事业单位的社会职能。预算管理活动的有效实施对单位目标的实现产生重要的影响，合理科学地实施预算管理可以帮助单位实现资源优化配置，对于单位各项管理制度的实施和综合管理水平的提高有着重要的帮助。

预算管理是公共组织管理的核心和基础，也是事业单位财务管理的中心。

(三) 财务类型不同，管理办法多样

事业单位种类多，业务特点各不相同，财务收支状况也有很大差别。为了适应这些特点，国家对不同类型的单位实行了不同的财务管理办法。在财务制度上，国家制定了适用于各类事业单位的《事业单位财务规则》，同时还制定了分行业的事业单位财务制度。在拨款的形式上，国家根据各类事业单位的不同情

况，分别实行不同的资金供应方式。在内部财务管理上，事业单位还要根据各自财务管理的不同要求，在执行国家统一的财务制度的前提下，制定各单位内部的财务管理办法。

（四）财务管理体系比较简单

体系比较简单最主要的原因是事业单位资金来源单一，主要是财政拨款。虽然事业单位随着体制改革的深化，更多地面向市场、参与市场竞争，也越来越多地吸收了社会资金，但财政拨款和补贴仍然是现阶段绝大多数事业单位的主要资金渠道。这种单一的资金来源，管理事项少、难度小，且资金提供者并不追求所提供的资金获得的经济收益，资金管理采用会计集中核算，并执行财政预算为主的财务核算体系，做好预算编制、执行与评估以及内部控制、财务监督等重点内容即可，财务管理体系相对比较简单。

（五）兼顾效率和公平

财务管理的本质是提高资金使用效率，实现价值增值。虽然事业单位开展业务活动是提供社会公益，没有直接的经济目的，但同样需要讲求效率，追求费用最低、回报最高等目标。只有这样，才能充分利用公共资源，为社会提供更好的公共服务。当然，事业单位的效率目标可能会与组织的其他目标产生矛盾。因此，在确定财务管理目标、进行财务决策时要兼顾效率和公平。

三、事业单位财务管理的内容

事业单位财务管理具有广泛的内容，不仅包括对公共资金的管理，还包括对各种公共资源的管理。主要内容如下。

（一）预算管理

事业单位预算资金管理是指单位根据事业活动计划和任务编制的年度财务收支计划。事业单位属于非物质生产部门，是非营利性组织，以实现社会效益为宗旨，向社会提供生产性或生活性服务，其资金来源大多直接来自财政拨款，因此要力求做到收支平衡。事业单位的性质及资金来源和支出渠道，决定了其资金管理目标及地位的特殊性。预算管理是对事业单位进行财务监管所使用的主要手段，通过预算编制可以提高组织对未来事务的预见性、计划性，规范组织财务收支活动。预算审批特别是政府部门的公共预算审批，实质上是民主参与公共资源分配决策，提高公共财务透明度的一种形式，是对公共组织财务活动的一种事前控制。

事业单位预算由收入预算和支出预算组成，包括短期的现金收支预算、长期的资本支出和长期的资金筹措。具体来讲，事业单位预算的内容主要有：收入预算，包括财政拨款、财政补助收入、上级补助收入、事业收入、经营收入、附属单位上缴收入和其他收入；支出预算，包括事业支出、经营支出、对附属单位补助支出和上缴上级支出。支出预算按其性质可以细分为：①维持单位管理和服务工作正常进行所需的日常经费，包括人员经费和公用经费，即经费预算；②单位专项业务活动所需的业务费，包括各部门的业务费和单位总体业务工作活动费，即业务预算；③对下属单位的专项补助；④上缴上级的支出。

事业单位的整个预算体系均有完善的预算管理组织机构，相应的授权、分权、资金监控、预算调整审批制度和程序。财务预算管理应定期对照预算指标，及时总结预算执行情况，分析原因，提出改进措施，协调各方关系，有计划、有步骤地将单位的长期战略规划、短期策略和发展方向进行有机的结合并予以具体化。

（二）收入与支出管理

收入一般是指事业单位为开展业务活动和完成公共任务依法获取的非偿还性资金。支出一般是指事业单位为开展业务活动和完成公共任务发生的各项资金耗费。因此，财务管理应更加关注组织收入与支出活动，合理确定收入规模，规范收入来源，优化收入结构，正确界定公共支出范围，规范支出活动，建立合理的理财制度。事业单位收支财务管理制度一般包括以下几个方面。

1. 内部控制制度

在事业单位内部科学设置岗位和职务，使不相容的岗位和职务分离，形成部门和人员间相互制约、相互监督的机制，防范在资金收支活动中的资金流失、被侵占、挪用、转移和贪污等问题的发生。

2. 财务收支审批制度

建立健全事业单位财务审批制度是部门财务管理工作的关键环节，只有这样才可能保证组织收支的规范化。

3. 内部稽核制度

建立内部监督审查制度，定期对组织资金的收支情况进行监督审查，及时发现问题，防止资金管理方面的漏洞。

（三）成本管理

虽然事业单位的主要目的是为公众利益服务的，但并不是不讲成本与效益。成本管理应包括以下内容。

（1）综合成本计算。寻找成本驱动因素，按驱动率分配管理费，并归集到相应的项目和任务中，以便在资源成本率和资源用途之间、成本和业绩之间构建联系，从而明确各自的责任。

（2）活动分析和成本趋势分析。对项目和流程进行分析，寻找降低成本的途径。

（3）目标成本管理。恰当地制定项目支出上限，合理控制业务成本。

（4）将成本同绩效管理目标联系起来，实施绩效预算和业绩计量。

（四）债务管理

债务是指以事业单位为主体所承担的需要以公共资源偿还的债务。从财务管理角度实施事业单位债务管理的主要内容有以下三个方面。

（1）建立财务风险评估体系，合理控制负债规模，降低债务风险。事业单位为解决资金短缺或扩大业务规模等问题，可以适度举债。但由于事业单位不以营利为目的，偿债能力有限。因此，要建立财务风险评估体系，根据组织的偿债能力，合理控制负债规模，降低债务风险。

（2）建立偿债准备金制度，避免债务危机。

（3）建立科学的核算制度，全面、系统地反映事业单位债务状况。

（五）资产管理

资产是事业单位提供公共产品和服务的基本物质保障。资产管理的主要内容有以下四个方面。

（1）编制资产预算表。事业单位在编制预算的同时应编制资产预算表，说明组织资产存量及其使用状况，新增资产的用途、预期效果等，以便于预算审核部门全面了解组织资产状况，对资产配置做出科学决策。

（2）建立健全资产登记、验收、保管、领用、维护、处置等规章制度，防止资产流失。

（3）建立公共资产共享制度，提高公共资产的利用效率。

（4）完善资产核算和信息披露，全面反映公共组织的资产信息。

第三节　事业单位财务管理的原则与方法

一、事业单位财务管理的原则

事业单位财务管理的原则与企业财务管理的原则不同，这主要是由事业单位的性质决定的。企业是自筹资金进行经营活动，而事业单位多是靠国家拨款（补助），企业经营的目的是获得利润，而事业单位的目的并不在于获利，主要是为了完成公益任务和事业计划。事业单位财务管理的基本原则如下。

（一）依法管理原则

依法管理是事业单位财务管理应遵循的最基本的原则。在全面协调、可持续发展的前提下，依照相关法律、法规，按照管理资产与管理资金相结合、使用资金与管理资金相结合、管理责任与管理权限相结合的要求，实行各级、各部门共同承担责任的财务管理，以调动大家管理的积极性，将各项管理措施落到实处、务求实效。

（二）收支平衡原则

在财务管理中，要求做到收入（流入）与支出（流出）在数量上、时间上达到动态平衡。

（三）突出重点原则

管理主体可以根据单位业务活动开展情况，分别轻重缓急地安排财务管理工作。对于多数单位而言，在各个发展时期，全面、系统地查找财务管理过程存在的问题是有效开展财务管理工作的首要前提，必须综合分析影响财务管理的各种内外环境要素，发现在财务管理过程中，哪些是需要马上解决、需要着重考虑的，哪些是可以暂缓、不需要投入大量精力的，从而找出解决的途径和办法。

（四）前瞻性原则

财务管理要基于单位的发展战略，合理制订计划，紧扣发展走向，卓有成效地开展相关活动。从目标层面上看，财务管理主要是为保证单位持续、健康发展提供有价值的财务信息，这些信息大致分为"判断导向"和"发展导向"两种类型，判断导向评价强调的重点是过去的绩效，为判断哪些方面应该纠正和如何有效地衡量已实施的财务管理提供基础。而发展导向评价更多关注的是改进未来的绩效，确保绩效预期清晰明确，通过相关评价方法，一方面修正和调整财务管理的基本内容；另一方面改进现有管理的方式和方略，进而有助于提高管理绩效和水平。

（五）适应性、可操作性原则

适应性是一项制度的生命。制度的制定必须结合单位实际，不能照搬硬抄其他单位的管理方法和管理模式，要与单位其他管理制度相衔接。内部财务制度的条文在表述上应尽量通俗易懂，操作方便，并与日常会计核算的实务紧密联系；要按单位实际情况对有关内容、程序、权限等做出明确规定，使单位会计流程中的各个环节都有章可循、规范有序。

（六）监督性原则

对每项重要经济业务都要安排事前、事中、事后的控制方式，便于及时掌握和归集所需要的信息。对会计账目列示方式、财务报告的披露方式要进行具体详尽的规定。

二、事业单位财务管理的方法

财务管理方法，简单地说，是财务人员用来进行资金运动管理的各种技术方法的集合。具体而言，财务管理方法是财务管理人员针对业务目标，借助经济数学和电子计算机的手段，运用运筹论、系统论和信息论的方法，结合财务管理活动的具体情况，对资金的筹集、资金的投入、成本费用的形成等管理活动进行财务预测、财务决策、财务控制、财务计量、财务分析、财务报告和财务监督的技术，它是财务人员完成既定财务管理任务的主要手段。

一般来说，财务管理方法可分为定性方法和定量方法两大类型。

定性方法，是指依靠个人主观经验、逻辑思维和直观材料进行分析、判断，开展管理活动的方法。常用的方法有个人判断法、集合意见法、特尔菲法（专家调查法）、市场调查法。定量方法是运用数学方法，通过预测模型进行计算来得到预测结果的方法。

定性和定量这两种方法在财务管理过程中都不可缺少、不可偏废。但长期以来，我们偏重于采用定性方法，忽视了定量方法。其实，定量方法和定性方法一起构成了财务方法体系，而且，在这个体系中，定量方法占据了重要地位。

（一）财务预测与决策方法

财务预测与决策是进一步强化财务管理的前提，在财务管理体系中居于核心地位。

财务预测是指在现有财务资料的基础上，估计未来财务状况及财务指标，主要有因素分析法、比例法、期末余额法、直接计算法、量本利分析法等预测方法。

财务决策是在财务预测的基础上进行的，它依据财务预测资料及其他相关信息，决定实施方案和财务目标，主要有优选对比法、数学微分法、线性规划法、概率和树型决策法、图表和损益决策法、综合平衡法等方法。

（二）财务预算与计划方法

财务预算是单位在计划期内预计业务经营成果、现金收支及财务状况的预算，是全面预算管理的一个重要构成部分，也是财务管理工作的一个重要环节。主要有增量预算法、零基预算法等。

财务计划是组织财务活动的纲领性文件，主要有余额法、平衡法、定额法等。

（三）财务控制方法

财务控制是在财务管理过程中采取特定的手段影响和调节财务活动，从而确保实现财务目标的一系列方法。一般来说，控制方法有以下三种。

1. 防护性控制（排除干扰法）

在运用这种控制方法前，需制定一系列诸如内控制度的配套制度及各种开支标准，消除资金运转过程中可能发生的偏差，充分保证资金的安全、完整性，同时做到努力节约各种费用开支。

2. 前馈性控制（补偿干扰控制）

在掌握大量可靠信息的条件下，通过密切监控并科学预测实际运行系统可能出现的问题，积极采取相关措施控制并消除差异。

3. 反馈控制（平衡偏差控制法）

平衡偏差（平衡实际产生的偏差）的过程可能有一定的滞后，但整体来看影响不大，应当在认真研究实际情况的基础上，分析并找出实际情况与计划相背离的原因，进而采取有效措施调整相关财务活动，消除差异并努力避免以后发生类似现象。

（四）财务分析与考核方法

财务分析是依据财务信息采用特定方法分析和评价财务活动及结果，全面掌握财务指标的完成情况及财务活动的相关规律。常用的财务分析方法有财务比率综合分析法、杜邦分析法、因素综合分析法等。

财务考核是通过比较规定的考核指标与报告期内财务指标实际完成数，从而确定有关责任部门或个人任务完成情况的活动。财务考核形式多样，主要有适合于考核某些财务成果指标和固定性费用开支的"指标考核"、适合于综合考核多种财务指标的"评分考核"、适合于考核在基期基础上财务指标完成情况的"百分比考核"、适合于考核有一定变动规律但变动性较大的"相对指标考核"等。

第四节　政府会计制度改革对事业单位财务管理的影响

我国实施的政府会计制度改革直接影响着事业单位的财务管理工作，而事业单位的财务管理工作又对社会其他方面的管理工作产生了较大的影响。众所周知，我国的政府会计制度改革在持续深化，这对事业单位的发展来说，既是挑战，又是机遇。事业单位想要抓住、抓稳、抓好这一机遇，就必须在财务管理方面跟上政府会计制度改革的步伐。

一、政府会计制度改革对事业单位财务管理的促进作用

（一）有利于事业单位的资产状况改善

政府会计制度进行改革的同时，事业单位的资产状况也得到改善。因为事业单位若想要跟上社会发展的步伐，就必须要对自己的财务数据进行更精准、精细的核算。许多事业单位为了更好地响应政府改革会计制度的号召，及时对自身的财务核算实施了权责发生制。对事业单位来说，实施权责发生制意味着他们要对传统的财务管理模式做出巨大的改变。在权责发生制下，事业单位内不同的部门和科室之间要随时保持信息沟通的流畅性和有效性。通过提高财务核算工作的准确性来保证自己能够对资金状况进行全面的掌握和了解。在此基础上，各个事业单位不仅能够更加明确地了解自己的总资产状况，也能更好地开展对固定资产的折旧计提工作。

（二）有利于提高事业单位财务管理工作的信息化程度

当前是一个科技信息发达的时代。事业单位将现代信息技术引入财务管理工作中，在先进科技的帮助下管理财务早已经是司空见惯的事情。其实，事业单位能够有意识地在财务管理工作中运用现代科学技术，很大一部分原因是政府对会计制度进行改革。因为针对政府提出的改革内容和要求，事业单位必须要在现代科学技术的帮助下才能够完成和实现。而在事业单位的财务管理工作中引入信息化技术，可以使得具体的工作在进行时能够更加顺利，效率更有保证。一方面，有了现代信息技术和网络资源后，财务管理工作人员可以通过网络获取更多关于财务管理方面的信息和数据，这为事业单位决策财务事项时提供了更精准的参考数据。另一方面，对于事业单位的财务管理工作来说，其信息化程度和应用水平越高，人力就能得到更大程度上的解放。信息技术管理优于人力管理的原因就在于管理更有秩序，能够降低出错率。

（三）有利于完善对事业单位财务管理部门的各项评价制度

政府会计制度改革在各地得到落实，这不仅能够倒逼事业单位在财务管理方面进行完善和创新，也能够为事业单位的财务管理工作创造更加和谐、稳定的环境。首先，事业单位财务管理工作的创新就意味着工作人员传统工作模式的创新。不管是哪一类事业单位的财务管理工作都需要有专门的人员对其进行评价，评价又要依据相关的评价制度进行。而会计制度改革后的财务管理模式明显的创新点就在于，新的财务管理模式往往会更需要来自评价制度的外部监督。其次，如果事业单位的相关部门想要能够及时地、真正地了解自身的财务情况，就必须要对相关部门的财务评价体系进行及时的完善。此外，财务管理人员的工作效率和工作态度也需要外部对其进行监督，而政府对会计制度进行改革，无疑是对事业单位的评价制度、评价体系的完善提供了很大的助力。

二、当下大部分事业单位在财务管理中存在的问题

（一）各类财务数据、信息的透明度有待提高

对于事业单位的财务管理工作来说，相关财务数据和信息是否能够实现

透明化和公开化，是一个十分关键的问题。因为，事业单位在管理财务的过程中公开相关信息，不仅关系到相关人的个人利益，也是对一个事业单位诚心和诚信的重要验证。然而通过调查发现，许多事业单位在进行财务管理工作时没有做好这一点。尤其是对于政府会计制度改革格外强调的财务预算工作来说，其透明度更是应该保证的。若是事业单位在财务管理工作中没有实现财务信息的透明，就容易产生不良现象。这一点急需引起有关事业单位部门的高度重视。

（二）事业单位内的财务工作存在决策随意性的问题

财务管理工作虽然比较复杂烦琐，但是它在事业单位整个工作系统中的重要性是不可代替的。然而，当下还有部分事业单位仍然没有对财务管理工作给予充分的重视。正是因为重视程度不够，所以相关事业单位在对财务进行管理时缺少衡量的依据和工作的标准。因而，在决策相关财务项目和数据时存在随意性现象也就不难理解了。不仅如此，工作依据和标准的缺乏还会导致部分财务管理人员在进行决策时掺杂主观情感和个人意志，这一点也是导致财务工作存在随意性弊端的重要原因。

（三）事业单位内的财务管理人才队伍建设不够到位

事业单位的财务管理工作是要靠相关财务部门去完成的，财务部门有多名财务工作人员组成。但是，并不是所有的事业单位都能够保证拥有强大的财务管理人才队伍。既然财务管理工作内容是复杂、烦琐的，那就说明财务部门的工作人员要各司其职，每个人都要有固定的工作内容和工作要求。例如，有的工作人员负责收集数据和核对数据，有的工作人员负责预算工作，有的管理者则要盯紧核算工作。然而，部分事业单位的财务部门缺少这样完整的工作系统，许多财务管理人员的管理水平也有限，这不利于政府会计制度改革的落实。

三、事业单位依据政府会计制度改革进一步完善财务管理工作的策略

（一）更新财务管理理念，优化各项财务工作

当下，政府不断加大对会计制度改革的力度，意味着相关事业单位要及时更新自己的财务管理理念。然而，如今仍然有部分事业单位是在传统财务管理理念的指引下去开展财务管理工作的。想要改变这一现状，各事业单位的财务部门就要对政府会计制度改革的先进理念给予高度关注，尤其是要对财务预算和成本核算这两大块工作给予足够的重视。一方面，财务部门要将更多的精力和眼光放在财务预算工作上面。因为财务预算工作对整个事业单位的财务管理工作水平起着直接的影响作用。相关财务部门的工作人员应该对财务预算工作的每一个环节进行细化，并对其工作进度实时关注。另一方面，成本核算工作同样需要得到重视。事业单位的财务工作人员必须及时了解自身资产性质和整体情况，对单位内的整体资产进行合理分类，保证各项财务成本能够得到正确和真实的体现。

（二）健全财务管理制度，明确财务管理目标

首先，财务管理工作得到有效提高和良好发展的关键在于事业单位所制定的相关制度。这里所提到的制度包括财务管理制度和工作监管制度，而且这两种制度是彼此影响，彼此制约的。事业单位的财务管理制度越是健全，其财务信息的公开程度就越有保障。另外，财务部门的管理人员在工作中应保持态度严谨，尽心尽责，防止管理过程中的随意性和片面性。其次，面对不同的项目，事业单位的财务部门所要开展的财务管理工作内容是不同的。因而，财务部门要为具体的项目工作设置明确的管理目标。财务管理目标的明确不仅是为了提高工作人员具体的管理工作效率，也是为了保证所设置的财务管理制度能够更加具有针对性。最后，依据合理的管理目标设置先进的管理模式，是为事业单位的财务管理筑起更加坚实的保障。而且，事业单位对自己的财务管理模式进行设置和完善时，要以自身的具体情况和财务部门的工作特点为依据，确保财务管理模式能够极大地提高工作人员的工作热情。

（三）加强事业单位财务管理工作的信息化建设

在我国信息化发展日新月异，科技水平不断提高的大前提下，事业单位的财务管理工作实现信息化符合当下社会发展的必然趋势。因而，事业单位应该拿出一部分的精力、时间和金钱投入信息化建设中。首先，事业单位可以引进先进的信息化管理技术，用来提高财务管理工作的质量和效率。因为先进的管理技术可以极大地解放人力，让事业单位的工作人员能够将更多的精力放到财务管理工作上面。其次，事业单位应该重视购入先进的电子设备，从硬件上保证财务管理信息系统的高效运行。但是，任何一个事业单位的财务管理工作都不是全自动化的，都需要有人工进行参与和指导。因而，事业单位要确保自己的财务管理人员具有专业的操作技能和丰富的操作经验。这是保证先进科学技术和电子设备的价值能够得到发挥的重要条件。最后，有了先进的技术、高端的设备、管理能力强的财务人员，事业单位还要建设完整的、科学的财务管理系统，不断丰富财务管理系统的功能，保证这一系统运行平衡、互相协调。同时，事业单位还要依据会计制度改革及时优化自身的财务管理系统，努力做到财务管理工作的与时俱进。

（四）提升财务管理工作人员的综合素养

人才是整个财务管理工作的最核心要素。对事业单位的财务管理工作来说，是否重视对财务管理人才素质的培养就显得尤为重要。事业单位只有重视对自身财务管理人员素质的提高，才能达到会计制度改革的要求，更好地落实政府会计制度改革任务。首先，为了更好地适应政府会计制度改革的需要，事业单位应该酌情对自己的财务管理人员招聘门槛进行提高，设置合理的考核项目来选拔财务管理人才。其次，对于已经在职的财务管理工作者，事业单位要重视对其进行培训。一方面，财务工作者必须及时了解政府会计制度改革的各项内容和要求，这是重要前提。另一方面，事业单位的财务预算和成本核算工作是财务管理人员应该熟练掌握的内容，这是重要基础。高素质财务管理人员能够带动事业单位财务管理工作的科学发展。最后，事业单位还应该重视对相关监督人才的培养。前文已经提到了财务信息不透明和财务决策随意性的弊端，因此，加大对财务管理工作的监督是必经之路。一方面，监督管理人才要及时了解单位的财务和资产状况，在此基础上也要保证财务管理工作能够做到公正、公开、透明。另一方面，财务监督人员要对财务管理的突发情况具有良好的应对之策，目的是在最大程度上降低财务风险。

综上所述，我国事业单位财务管理工作因会计制度改革面临着新的机遇。因而，事业单位应该抓住这一机遇，不断对自身的财务管理工作进行完善和优化，尤其是要保障自身的财务预算工作以及各项成本核算工作更加具有科学性与合理性。事业单位既要做好理念和制度的"软"建设，又要打好人才和科技的"硬"保障，才能促进自身的财务管理水平不断提高。

第三章 政府会计制度下事业单位收支管理与核算

第一节 事业单位收入管理

一、事业单位收入来源与管理要求

(一) 事业单位收入来源

事业单位收入来源主要有财政补助收入、上级补助收入、事业收入、经营收入、附属单位缴款、其他收入和基本建设拨款收入等。事业单位的收入来源可分为以下三部分。

1. 财政或上级单位拨入资金

拨入资金是事业单位为了完成国家规定的事业计划，按照批准的经费预算和规定的手续，向财政机关和主管部门请领经费的行为。

按所拨入款项的性质和管理要求不同可将其分为：财政补助收入、财政专户返还收入和上级补助收入。

(1) 财政补助收入。是指事业单位按核定的预算和经费领报关系从财政部门取得的各类事业经费。

(2) 财政专户返还收入。是指事业单位收到的从财政专户核拨的预算外资金。

(3) 上级补助收入。是指事业单位从主管部门和上级单位取得的非财政补助收入。

拨入资金的依据是经过财政部门或主管单位审核批准后的单位预算。事业单位的季度用款计划是各单位拨入资金的具体执行计划，它是单位在核定的年度预算内，按季根据各月实际需要编制的。

拨入资金的管理应当坚持"按计划、按进度、按支出用途和按预算级次拨款"的原则。

拨入专款用于核算事业单位收到财政部门、上级单位或其他单位拨入的有指定用途，并需要单独报账的专项资金。如果拨入的专款不需要单独报账，则不通过本科目核算，而反映到"上级补助收入"科目中。

从专款资金的来源看，有财政机关拨入的预算安排的专款资金，有上级主管部门拨入的专款资金，也有业务协作往来单位拨来的专款资金。从专款资金的内容看，一般有科技三项费用专款、大型设备仪器购置专款、救灾抢险专款、抗震加固专款、专项补助款及其他专款。

专款资金的管理应坚持"专款专用、按实列报、单独核算、专项结报"的原则。

2. 单位自行组织收入款项

收入款项是事业单位在各项业务活动开展过程中自行组织取得的收入，它是事业单位重要的资金来源，是办理各项业务开支的主要财力保证。按取得款项的来源和性质不同，可分为事业收入、经营收入和其他收入。

(1) 事业收入是指事业单位开展业务活动及其辅助活动取得的收入。其中：按照国家有关规定应当上缴国库或者财政专户的资金，不计入事业收入；从财政专户核拨给事业单位的资金和经核准不上缴国库或者财政专户的资金，计入事业收入。

(2) 经营收入是指事业单位在业务活动及辅助活动之外开展非独立核算经营活动取得的收入。

(3) 事业单位取得的投资收益、利息收入、捐赠收入等应当作为其他收入处理。

3. 附属单位上缴的资金

附属单位缴款是指事业单位附属的独立核算单位按规定标准或比例缴纳的各项收入，如分成收入、承包利润和管理费等。它是非财政预算资金在上下级单位进行调剂的事项，以解决各种类型事业单位的收支平衡问题，保证各单位各项业务活动的正常开展。

(二) 事业单位收入管理的要求

事业单位收入全部纳入单位预算，统一核算，统一管理。事业单位对按照规定上缴国库或者财政专户的资金，应当按照国库集中收缴的有关规定及时足额上缴，不得隐瞒、滞留、截留、挪用和坐支。具体要求如下。

(1) 收入统管；

(2) 正确划分各项收入，依法缴纳各种税费；

(3) 充分利用现有条件积极组织收入，提高经费自给率和自我发展能力；

(4) 保证收入的合法性与合理性；

(5) 正确处理社会效益和经济效益的关系。

二、事业单位的财政补助收入

事业单位财政补助收入，是从财政部门取得的各类行政和事业经费，属于财政资金（预算拨款）。预算拨款是公共部门一项十分重要的资金来源，加强预算拨款资金管理，提高财政资金使用效率，在公共部门收入管理中具有十分重要的意义。事业单位的财政补助收入包括一般预算拨款、基金预算拨款、财政专户管理的非税收入拨款。

财政预算安排用于事业单位的财政补助收入如表 3-1 所示。

表 3-1　财政预算安排用于事业单位的财政补助收入

财政预算用于财政补助项目	包括一般预算拨款、基金预算拨款、财政专户管理的非税收入拨款
教育事业费	高等学校经费、留学生经费、中等专业学校经费、技工学校经费、职业教育经费、中学经费、小学经费、幼儿教育经费、成人高等教育经费、普通业余教育经费、教师进修及干部培训经费、特殊教育经费、广播电视教育经费、其他教育事业费
文化广播事业费	文化事业费、出版事业费、文物事业费、体育事业费、档案事业费、通信事业费、广播电影电视事业费、党政群干部训练事业费、其他文体广播事业费等

财政预算用于财政补助项目	包括一般预算拨款、基金预算拨款、财政专户管理的非税收入拨款
科学事业费	自然科学事业费、科协事业费、社会科学事业费、高技术研究专项经费
农、林、水利、气象等部门的事业费	农垦事业经费、农场事业费、农业事业费、畜牧事业费、农机事业费、林业事业费、水利事业费、水产事业费、气象事业费、乡镇企业事业费、农业资源调查和区划费、土地管理事业费、森林工业事业费、森林警察部队经费、其他农林水利事业费
卫生事业费	卫生单位事业费、中医事业费、公费医疗经费
工业交通等部门的事业费	冶金、有色金属、煤炭、石油、石化、电力、化学、机械、汽车、核工业、航空、航天、电子、兵器、船舶、建材、轻工业、烟草、纺织、医药、地质、建设、环保、铁道、交通、邮电、民航、测绘、技术监督、专利等部门的事业费
流通部门事业费	商业事业费、物资管理事业费、粮食事业费、外贸事业费、供销社事业费
抚恤和社会福利救济费	抚恤事业费、军队移交地方安置的离退休人员经费、社会救济福利事业费、救灾支出、其他民政事业费、残疾人事业费

三、事业收入的管理

(一) 事业收入的内容

由于事业单位类型较多，业务活动又各有其特点，因此，不同类型事业单位的事业收入的具体内容各不相同（见表3-2）。

表3-2 事业单位事业收入的具体项目

事业收入分类	具体项目
文化事业单位的事业收入	演出收入；演出分成收入；技术服务收入；委托代培收入；复印复制收入；无形资产转让收入；外借人员劳务收入；合作分成收入

事业收入分类	具体项目
科学事业单位的事业收入	科研收入；技术收入；学术活动收入；科普活动收入；试制产品收入
中小学校的事业收入	非义务教育阶段学生缴纳的杂费；非义务教育阶段学生缴纳的学费；借读学生缴纳的借读费；住宿学生缴纳的住宿费；按照有关规定向学生收取的其他费用
广播电视事业单位的事业收入	广告收入；节目交换收入；合作合拍收入；节目传输收入；门票收入；技术服务收入；无形资产转让收入
体育事业单位的事业收入	竞技体育比赛收入；门票收入；出售广播电视转播权收入；广告赞助收入；体育技术服务收入；体育相关业务收入；无形资产转让收入
文物事业单位的事业收入	门票收入；展览收入；文物勘探发掘收入；文物维修设计收入；文物修复复制收入；文物咨询鉴定收入；影视拍摄收入；文物导游收入；无形资产转让收入
计划生育事业单位的事业收入	技术服务收入；病残儿鉴定收入；代培进修收入；宣传品制作收入；无形资产转让收入

（二）事业收入管理的基本要求

（1）充分利用现有条件组织事业收入，促进事业发展。

（2）保证事业收入的合法性与合理性。

（3）必须将公共利益放在首位。

（4）严格执行预算外资金的管理规定。

四、经营收入和其他各项收入的管理

（一）经营收入的管理

1. 经营收入的含义与特征

经营收入是指事业单位在业务活动及其辅助活动之外，开展非独立核算经营活动取得的收入。具体是指事业单位的各类非独立核算的附属单位，根据市场需要，以生产销售产品、调拨销售产品、来料加工服务等方式所取得的收入。其特征如下。

（1）经营收入是开展经营活动所取得的收入，而不是业务活动及辅助活动取得的收入。

例如，科研单位对社会开展咨询服务活动取得的收入，属于经营活动取得的收入；而科研单位为有关单位提供科研服务取得的收入，只能作为事业收入，不能作为经营收入处理。又如，某社会团体对社会开展服务活动，将闲置的固定资产出租、出借，这种活动不属于单位业务活动及其辅助活动的范围，而属于经营活动的范围，其取得的收入，应当界定为经营收入。但诸如学校向学生收取学费和杂费，则属于业务活动及其辅助活动的范围，取得的收入应当界定为事业收入，不能作为经营收入处理。

（2）经营收入是非独立核算单位开展经营活动所取得的收入，而不是独立核算单位开展经营活动所取得的收入。

事业单位所属的实行独立核算的单位上缴的纯收入应作为"附属单位上缴收入"处理，不列作经营收入。独立核算单位是指对其经营活动的过程及结果独立完整地进行会计核算。比如学校的校办企业，要单独设置财会机构或配备财会人员，单独设置账目，单独计算盈亏，其开展的经营活动属于独立核算的经营活动，其单位属于独立核算单位。校办企业将纯收入的一部分上缴学校，学校收到后应当作为附属单位上缴收入，而不能作为经营收入处理。事业单位从上级单位领取的一定数额物资、款项从事业务活动，不独立计算盈亏，把日常发生的经济业务资料报由上级进行会计核算，称为非独立核算。学校的食堂、宿舍等后勤单位，不单独设置财会机构，不单独计算盈亏，如果其对社会开展了有关服务活动，则属于非独立核算的经营活动，其对社会服务取得的收入及支出，报由学校集中进行会计核算，这部分收入和支出，应当作为经营收入和经营支出处理。

2. 经营收入的内容

（1）产品（商品）销售收入：即单位通过销售定型、批量产品（不包括试制产品）和经销商品取得的收入。该项收入一般存在于科学研究事业单位，医院销售药品的收入应纳入事业收入中的药品收入。

（2）经营服务收入：即单位对外提供餐饮、住宿和交通运输等经营服务活动取得的收入。

(3) 工程承包收入：即单位承包建筑、安装、维修等工程取得的收入。

(4) 租赁收入：即单位出租、出借暂时闲置的仪器设备、房屋、场地等取得的收入。

(5) 其他经营收入：即除上述收入外的经营收入。

3. 经营收入管理的基本要求

(1) 正确处理主营业务与附营业务的关系。

事业单位履行职责主要是通过开展主营业务，也就是根据本单位的专业特点开展业务活动而完成的，其经营活动属于附营业务，是为主营业务服务的，目的在于为主营业务的健康发展创造良好的经济基础。因此，事业单位在人力、物力、财力的安排上，首先应当保证开展业务活动的需要，不应影响正常事业计划的完成。在这个前提下，可以合理配置和有效利用单位所拥有的各种资源，按照规定开展经营活动，增加单位的收入。

(2) 按规定的审批程序履行报批手续。

在事业单位的经营活动中，将非经营性资产转为经营性资产，要经主管部门审查核实，并由同级国有资产管理部门批准；一次转为经营性资产的价值量数额巨大的，还须报财政部门批准。

(3) 经营收入要纳入事业单位预算管理。

为了全面反映经营收入状况，对经营活动全过程实行有效的财务管理，按有关规定，单位的经营收入要全部纳入单位预算统一核算、统一管理。事业单位要严格遵守国家规定，加强对经营收入的管理，杜绝私分、瞒报收入现象。

(4) 要领取营业执照、核准经营范围。

根据国家有关规定，事业单位从事经营活动，由该单位申请，经主管机关核准，领取营业执照，在核准登记的经营范围内依法从事经营活动。

(5) 划清经营收入和事业收入的界限。

事业收入与经营收入属于两种不同性质的收入，要划清两者的界限。两类活动原则上应分别核算，以正确反映事业单位的业务活动和经营活动的经济成果。

（二） 上级补助收入的管理

上级补助收入是指事业单位从主管部门和上级单位取得的非财政补助收入，用于补助正常业务资金的不足。具体地讲，就是事业单位的主管部门或上级将财政补助收入之外的收入，如事业单位主管部门或上级单位将自身组织的收入和集中下级单位的收入拨给事业单位，用于补助事业单位的日常业务。若是指定用于专项用途必须单独报账，则属于拨入专款，不能作为上级补助收入。在某些行业的会计制度中，上级补助收入与财政补助收入合并称为业务补助。

对上级补助收入应当按照主管部门或上级单位的要求进行管理。上级补助资金有些是有专门用途的，应按规定方向和用途安排使用，不能擅自挪作他用。同时，要划清上级补助收入和财政补助收入的界限，上级主管部门应加强对事业单位补助收入的监督，促使单位严格收入管理，统筹安排各项资金，使财政补助收入和上级补助收入的安排使用符合财政政策的要求以及事业发展的需要。

（三） 附属单位上缴收入的管理

附属单位上缴收入是指事业单位附属独立核算单位按有关规定上缴的收入。包括附属的事业单位上缴的收入和附属的企业上缴的利润等。它可用于弥补自身的开支，还可采用对附属单位补助支出的形式，用于弥补收入情况不佳的附属事业单位或附属企业的开支。

附属单位是指与该事业单位（或称主体单位）间除资金联系之外还存在其他联系的事业单位或企业。一般而言，附属事业单位与主体事业单位之间存在预算上的拨付关系及行政上的隶属关系。附属企业通常在历史上曾经是主体事业单位的一个组成部分，从事专业及其辅助业务，后因种种原因，从原事业单位中独立出来，成为管理上和财务上独立核算的法人实体，但它在许多方面仍与原事业单位存在联系。这些联系一般包括：主体事业单位有权任免其管理人员的职务；修改或通过其预算；支持、否决或修改其决策等。如果一个企业只与该事业单位存在资金上的联系，则一般认为该企业只是事业单位的投资单位，而非附属单位。

随着从事社会服务性业务的附属单位管理体制改革，事业单位与这些附属单位的联系也越来越市场化，在这种情况下，有时很难区分一个被投资单位是否为附属单位，因此，很难区分一笔收入是属于附属单位缴款还是投资收益。在这种情况下，事业单位可根据判断进行区分，一旦设定其性质，在以后各年的会计核算上应尽量保持一致。

非财政补助收入超出其正常支出较多的事业单位的上级单位可会同同级财政部门，根据该事业单位的具体情况，确定对这些事业单位实行收入上缴的办法。收入上缴主要有两种形式，一是定额上缴，即在核定预算时，确定一个上缴的绝对数额；二是按比例上缴，即根据收支情况，确定按收入的一定比例上缴。对于上级单位而言，这些附属事业单位上缴的收入即为附属单位缴款。应注意的是，附属单位返还事业单位在其事业支出中垫支的工资、水电费、房租、住房公积金和福利费等各种费用，应当冲减相应支出，不能作为附属单位缴款处理。

（四）其他收入的管理

其他收入是指事业单位取得的除财政补助收入、上级补助收入、拨入专款、事业收入、经费收入、附属单位缴款以外的各项收入。其他收入包括投资收益、利息收入、捐赠收入、固定资产租赁收入、收取的违约金等各种杂项收入。

1. 投资收益

投资收益是指事业单位向除附属单位以外其他单位投资而取得的收益，不包括附属单位上缴的收入。投资收益通常包括两部分，一是投资期间分得的利息或红利；二是出售或收回投资时形成的买卖差价或收回价值与最初投资价值的差额，该差额为正数时，即为收益；为负数时，即为损失。

2. 利息收入

利息收入是指事业单位因在银行存款和与其他单位或企业的资金往来而取得的利息收入。它不包括事业单位在各种债券投资上的利息收入，如国库券利息收入、金融债券的利息收入等，这些利息收入应列为事业单位的投资收益。

3. 捐赠收入

捐赠收入是指事业单位以外的单位或个人（包括内部职工）无偿赠送给事业单位的未限定用途的财物，包括实物或现金。限定用途的捐赠财物应在拨入专款中单独反映。

4. 固定资产租赁收入

固定资产租赁收入是指事业单位将闲置的固定资产出租给其他单位或团体使用而取得的租金收入。

5. 收取的违约金

收取的违约金是指依据有关合同或契约，事业单位对违反合同或契约条款的单位、企业或个人收取的罚金。

由于其他收入来源种类多，事业单位应合理核算，认真监督、检查收到的各项其他收入，并按照每项收入的相关规定，分别进行管理。

第二节 事业单位收入的会计核算

一、财政补助收入的核算

（一）财政补助收入的确认和计量

财政补助收入的确认和计量与财政资金支付方式有关，事业单位在不同资金支付方式下对财政补助收入的确认和计量有所不同。

1. 财政直接支付方式

财政直接支付方式下，事业单位应于收到财政国库支付执行机构委托代理银行转来的财政直接支付入账通知书时确认财政补助收入，按通知书中标明的财政资金支付金额进行计量入账。

2. 财政授权支付方式

财政授权支付方式下，事业单位应于收到零余额账户代理银行转来的财政授权支付额度到账通知书时确认财政补助收入，按通知书标明的用款额度进行计量入账。

3. 财政实拨资金支付方式

财政实拨资金支付方式下，事业单位根据银行进账单中标明的财政补助到账实际金额，确认财政补助收入金额并进行计量入账。

年末事业单位对尚未使用的预算指标作如下处理：实行财政直接支付方式的，根据本年度财政直接支付预算指标数与财政直接支付实际支出数的差额确认财政补助收入；实行财政授权支付方式的，根据单位本年度财政授权支付预算指标数和财政授权支付额度下达数的差额确认财政补助收入。

（二）财政补助收入的科目设置

为了核算事业单位从同级财政部门取得的各类财政拨款，在收入要素类设立"财政补助收入"总账科目。本科目贷方登记实际收到的财政补助收入数；借方登记财政补助收入的缴回和结转数；期末，将本科目本期发生额转入财政补助结转。期末结账后，本科目应无余额。

本科目应当设置"基本支出"和"项目支出"两个明细科目；两个明细科目下按照《2022年政府收支分类科目》中"支出功能分类"的相关科目进行明细核算；同时在"基本支出"明细科目下按照"人员经费"和"日常公用经费"科目进行明细核算，在"项目支出"明细科目下按照具体项目进行明细核算。

（三）财政补助收入的主要账务处理

1. 财政直接支付方式

（1）财政直接支付方式下，对财政直接支付的支出，事业单位根据财政国库支付执行机构委托代理银行转来的财政直接支付入账通知书及原始凭证，按照通知书中的直接支付金额入账，借记有关科目，贷记本科目。

（2）因购货退回等发生国库直接支付款项退回的，属于本年度支付的款项，按照退回金额，借记本科目，贷记"事业支出""存货"等有关科目；属于以前年度支付的款项，不在本科目核算，按照退回金额，借记"财政应返还额度"科目，贷记"财政补助结转""财政补助结余""存货"等有关科目。

（3）年度终了，根据本年度财政直接支付预算指标数与当年财政直接支付实际支出数的差额，借记"财政应返还额度——财政直接支付"科目，贷记本科目。

2. 财政授权支付方式

（1）财政授权支付方式下，事业单位根据代理银行转来的财政授权支付额度到账通知书，按照通知书中的授权支付额度，借记"零余额账户用款额度"科目，贷记本科目。

（2）年度终了，事业单位本年度财政授权支付预算指标数大于零余额账户用款额度下达数的，根据未下达的用款额度，借记"财政应返还额度——财政授权支付"科目，贷记本科目。

3. 其他方式

其他方式下，实际收到财政补助收入时，按照实际收到的金额，借记"银行存款"等科目，贷记本科目。

4. 财政补助收入期末转账

期末，将本科目本期发生额转入财政补助结转，借记本科目，贷记"财政补助结转"科目。

二、上级补助收入的核算

（一）上级补助收入的确认和计量

事业单位根据实际收到的款项即银行进账单中标明的上级补助收入到账金额，确认为上级补助收入，并按实际收到的金额进行计量入账。

（二）上级补助收入的科目设置

为了核算事业单位从主管部门和上级单位取得的非财政补助收入，在收入要素类设置"上级补助收入"总账科目。本科目贷方登记实际收到的非财政补助收入数；借方登记非财政补助收入的缴回和结转数；期末结账后，本科目应无余额。

本科目应当按照发放补助单位、补助项目等进行明细核算。上级补助收入中如有专项资金收入，还应按具体项目进行明细核算。

（三）上级补助收入的主要账务处理

（1）收到上级补助收入时，按照实际收到的金额，借记"银行存款"等科目，贷记本科目。

（2）期末，将本科目本期发生额中的非财政专项资金收入结转入非财政补助结转，借记本科目下各非财政专项资金收入明细科目，贷记"非财政补助结转"科目；将本科目本期发生额中的非财政非专项资金收入结转入事业结余，借记本科目下各非财政非专项资金收入明细科目，贷记"事业结余"科目。

事业单位从同级财政部门取得的各类财政拨款属于财政补助收入，来源于财政国库的预算资金和财政专户的预算外资金，但不包括从财政专户返还的事业收入和政府对事业单位的基本建设投资。

事业单位从主管部门和上级单位取得的非财政补助收入属于上级补助收入，来源于上级单位自身组织的收入（事业收入、经营收入）和集中下级单位的收入（附属单位上缴收入）拨给事业单位的资金。属于事业单位的正常业务资金，弥补支大于收的事业单位资金的不足。

所以财政部门通过主管部门或上级单位转拨的财政资金，应作为财政补助收入处理，不能作为上级补助收入。

三、附属单位上缴收入的核算

（一）附属单位上缴收入的确认和计量

事业单位根据附属单位实际上缴的款项即银行进账单中标明的附属单位上缴收入到账金额，确认为附属单位上缴收入，并按实际收到的金额进行计量入账。

（二）附属单位上缴收入的科目设置

为了核算事业单位附属独立核算单位按照有关规定上缴的收入，在收入要素类设置"附属单位上缴收入"总账科目。本科目贷方登记收到附属独立核算单位实际上缴的款项；借方登记退回数和结转数。期末结账后，本科目应无余额。

本科目应当按照附属单位、缴款项目等进行明细核算。

附属单位上缴收入中如有专项资金收入，还应按具体项目进行明细核算。

（三）附属单位上缴收入的主要账务处理

（1）收到附属单位缴来款项时，按照实际收到金额，借记"银行存款"等科目，贷记本科目。

（2）期末，将本科目本期发生额中的非财政专项资金收入结转入非财政补助结转，借记本科目下各非财政专项资金收入明细科目，贷记"非财政补助结转"科目。

期末，将本科目本期发生额中的非财政非专项资金收入结转入事业结余，借记本科目下各非财政非专项资金收入明细科目，贷记"事业结余"科目。

四、事业收入的核算

（一）事业收入的确认和计量

1. 事业收入的确认

不实行成本核算的事业单位，事业收入的确认应当在实际收到款项时予以确认。

实行成本核算的事业单位，其事业收入的确认应以单位在提供劳务或发出商品等，同时收讫价款或者取得索取价款的凭据时予以确认，即凡应属于本期的收入，不论是否实际收到，均应作为本期的收入。

事业单位为取得事业收入而发生的折让和折扣，应当相应冲减事业收入。

2. 事业收入的计量

（1）对于以财政专户返还方式管理的事业收入应按实际收到的金额进行计量。

（2）对于不实行成本核算的事业单位取得的事业收入应按实际收到的金额进行计量。

（3）对于实行成本核算的事业单位取得的事业收入按归属于本期实际收到

或应收的金额进行计量。

(二) 事业收入的科目设置

为了核算事业单位开展业务活动及其辅助活动取得的收入，在收入要素类设置"事业收入"总账科目。本科目贷方登记事业单位开展业务活动及其辅助活动取得的收入及从财政专户核拨的资金和经核准不上缴国库或者财政专户的资金；借方登记收入减少数。期末，将本科目余额转入事业结余或非财政补助结转，期末结账后，本科目应无余额。

本科目应当按照事业收入类别、项目等进行明细核算。

事业收入中如有专项资金收入，还应按具体项目进行明细核算。

(三) 事业收入的主要账务处理

1. 采用财政专户返还方式管理的事业收入主要账务处理

(1) 收到应上缴财政专户的事业收入时，按照收到的款项金额，借记"银行存款""库存现金"等科目，贷记"应缴财政专户款"科目。

(2) 向财政专户上缴款项时，按照实际上缴的款项金额，借记"应缴财政专户款"科目，贷记"银行存款"等科目。

(3) 收到从财政专户返还的事业收入时，按照实际收到的返还金额，借记"银行存款"等科目，贷记本科目。

2. 其他事业收入的主要账务处理

收到事业收入时，按照收到的款项金额，借记"银行存款""库存现金"等科目，贷记本科目。涉及增值税业务的，相关账务处理参照"经营收入"科目。

3. 期末结转结余的账务处理

期末，将本科目本期发生额中的非财政专项资金收入结转入非财政补助结转，借记本科目下各非财政专项资金收入明细科目，贷记"非财政补助结转"科目。

期末，将本科目本期发生额中的非财政非专项资金收入结转入事业结余，借记本科目下各非财政非专项资金收入明细科目，贷记"事业结余"科目。

五、经营收入的核算

(一) 经营收入的确认和计量

1. 经营收入的确认

事业单位取得的经营收入应当在提供服务或发出存货等，同时收讫价款或者取得索取价款的凭据时，按照实际收到或应收的金额确认收入。

对一个经营单位来说，经营收入一般以是否需要进行成本核算作为确定采用哪种原则进行核算的主要依据。由于成本核算必须采用权责发生制，否则就无法计算成本，所以需要进行成本核算的经营单位，必须采用权责发生制。无须进行成本核算，而只是以其收入扣除支出即可计算盈亏的经营单位，既可采用权责发生制，也可以采用收付实现制，根据实际需要任选其一。

2. 经营收入的计量

(1) 对于不实行成本核算的事业单位取得的经营收入应按实际收到的金额进行计量。

(2) 对于实行成本核算的事业单位取得的经营收入按归属于本期实际收到或应收的金额进行计量。

(二) 经营收入的科目设置

为了核算事业单位在业务活动及其辅助活动之外开展非独立核算经营活动取得的收入，在收入要素类设置"经营收入"总账科目。本科目贷方登记取得的经营收入；借方登记经营收入的冲销结转数。期末，将本科目余额转入经营结余，期末结账后，本科目应无余额。

本科目应当按照经营活动类别、项目等进行明细核算。

(三) 经营收入的主要账务处理

(1) 实现经营收入时，按照确定的收入金额，借记"银行存款""应收账款""应收票据"等科目，贷记本科目。

属于增值税小规模纳税人的事业单位实现经营收入，按实际出售价款，借记"银行存款""应收账款""应收票据"等科目；按出售价款扣除增值税税额后的金额，贷记本科目；按应缴增值税金额，贷记"应缴税费——应缴增值税"科目。

属于增值税一般纳税人的事业单位实现经营收入，按包含增值税的价款总额，借记"银行存款""应收账款""应收票据"等科目；按扣除增值税销项税额后的价款金额，贷记本科目；按增值税专用发票上注明的增值税金额，贷记"应缴税费——应缴增值税（销项税额）"科目。

（2）期末，将本科目本期发生额转入经营结余，借记本科目，贷记"经营结余"科目。

六、其他收入的核算

（一）其他收入的确认与计量

1. 其他收入的确认

事业单位的其他收入一般在实际收到时进行确认。因库存现金溢余或其他应付款项核销产生的其他收入，在按照有关规定批准时确认。

2. 其他收入的计量

（1）取得的其他收入为库存现金或银行存款时，按照实际收到的金额进行计量入账。

（2）取得的其他收入为实物时，应根据有关凭据确认其价值；没有凭据可供确认其价值的，根据取得时的市场价格确定。

（3）货币资金、存货的溢余和应付款项核销产生的其他收入，按照货币资金、存货实际溢余的金额和应付款项核销金额进行计量入账。

（二）其他收入的科目设置

为了核算事业单位除财政补助收入、事业收入、上级补助收入、附属单位上缴收入、经营收入以外的其他收入，在收入要素类设置"其他收入"总账科目。

本科目贷方登记其他收入的增加数；借方登记其他收入的减少数。期末，将本科目余额转入事业结余或非财政补助结转，期末结账后，本科目应无余额。

本科目应当按照其他收入的类别进行明细核算。

对于事业单位对外投资实现的投资净损益，应单设"投资收益"明细科目进行核算；其他收入中如有专项资金收入（如限定用途的捐赠收入），还应按具体项目进行明细核算。

（三）其他收入的主要账务处理

1. 取得投资收益的主要账务处理

（1）对外投资持有期间收到利息、利润时，按实际收到的金额，借记"银行存款"等科目，贷记本科目（投资收益）。

（2）出售或到期收回国债投资本息，按照实际收到的金额，借记"银行存款"等科目；按照出售或收回国债投资的成本，贷记"短期投资""长期投资"科目；按其差额，贷记或借记本科目（投资收益）。

2. 取得银行存款利息收入、租金收入的主要账务处理

收到银行存款利息、资产承租人支付的租金，按照实际收到的金额，借记"银行存款"等科目，贷记本科目。

3. 收到捐赠收入的主要账务处理

（1）接受捐赠现金资产，按照实际收到的金额，借记"银行存款"等科目，贷记本科目。

（2）接受捐赠的存货验收入库，按照确定的成本，借记"存货"科目；按照发生的相关税费、运输费等，贷记"银行存款"等科目；按照其差额，贷记本科目。

注：接受捐赠固定资产、无形资产等非流动资产，不通过本科目核算。

4. 现金盘盈收入的主要账务处理

每日现金账款核对中如发现现金溢余，属于无法查明原因的部分，借记"库存现金"科目，贷记本科目。

5. 存货盘盈收入的主要账务处理

盘盈的存货按照确定的入账价值，借记"存货"科目，贷记本科目。

6. 收回已核销应收及预付款项的主要账务处理

已核销应收账款、预付账款、其他应收款在以后期间收回的，按照实际收回的金额，借记"银行存款"等科目，贷记本科目。

7. 无法偿付的应付及预收款项的主要账务处理

无法偿付或债权人豁免偿还的应付账款、预收账款、其他应付款及长期应付款，借记"应付账款""预收账款""其他应付款""长期应付款"等科目，贷记本科目。

8. 期末结转结余的主要账务处理

（1）期末，将本科目本期发生额中的非财政专项资金收入结转入非财政补助结转，借记本科目下各非财政专项资金收入明细科目，贷记"非财政补助结转"科目。

（2）期末，将本科目本期发生额中的非财政非专项资金收入结转入事业结余，借记本科目下各非财政非专项资金收入明细科目，贷记"事业结余"科目。

第三节　事业单位支出管理

一、事业单位支出分类与管理要求

（一）事业单位支出的含义

事业单位支出是指事业单位开展业务及其他活动所发生的资金耗费和损失。事业单位的支出或者费用包括事业支出、对附属单位补助支出、上缴上级支出、经营支出和其他支出等。

（1）事业支出。事业支出是指事业单位开展业务活动及其辅助活动发生的基本支出和项目支出。

（2）对附属单位补助支出。对附属单位补助支出是指事业单位用财政补助收入之外的收入对附属单位补助发生的支出。

（3）上缴上级支出。上缴上级支出是指事业单位按照财政部门和主管部门的规定上缴上级单位的支出。

（4）经营支出。经营支出是指事业单位在业务活动及其辅助活动之外开展非独立核算经营活动发生的支出。

（5）其他支出。其他支出是指事业支出、对附属单位补助支出、上缴上级支出和经营支出以外的其他各项支出，包括利息支出、捐赠支出等。

（二）事业单位支出的分类

事业单位支出范围很广，项目繁多。为了便于对各项支出的研究分析，有针对性地加强支出管理和监督，不断提高资金的使用效益，应对事业单位支出进行科学的分类。

事业单位支出分类的方法主要有以下三种。

1. 按性质分类

（1）按单位性质分类。

事业单位支出可分为：①教育事业支出；②文体广播事业支出；③科学事业支出；④农、林、水利、气象事业支出；⑤卫生事业支出；⑥工业交通事业支出；⑦流通事业支出；⑧抚恤和社会福利救济事业支出等。

（2）按支出的性质分类。

事业单位支出分为事业支出、经营支出、对附属单位补助支出、上缴上级支出和自筹基本建设支出。

2. 按预算科目分类

（1）按政府收支分类科目的要求分类。

事业单位支出分为工资福利支出、商品和服务支出、对个人和家庭的补助、基本建设支出、其他资本性支出等。

（2）按部门预算的要求分类。

事业单位支出分为基本支出、项目支出、经营支出、对附属单位补助支出、上缴上级支出。

3. 按支出用途分类

事业单位人员支出包括基本工资、绩效工资、津贴、补贴、职工福利费、社会保障缴费、对个人和家庭的补助支出等。

(三) 国家对支出管理的规定

依据《事业单位会计准则》，国家对事业单位支出管理的规定主要有以下两个方面。

(1) 事业单位开展非独立核算经营活动的，应当正确归集开展经营活动发生的各项费用；无法直接归集的，应当按照规定的标准或比例合理分摊。事业单位的经营支出与经营收入应当相匹配。

(2) 事业单位的支出一般应当在实际支付时予以确认，并按照实际支付金额进行计量。采用权责发生制确认的支出或者费用，应当在其发生时予以确认，并按照实际发生额进行计量。

事业单位的支出包括事业支出、经营支出、对附属单位补助支出和上缴上级支出四个部分，后两项支出属调剂性支出，不是单位开展业务及其他活动的开支。因此，单位支出管理的重点是事业支出和经营支出。

二、事业支出管理

事业支出是指事业单位开展业务活动及其辅助活动所发生的支出。事业支出是事业单位支出的主体，其管理是事业单位财务管理的重点。

(一) 量入为出，统筹安排各项事业支出

事业单位的事业支出应当根据财政补助收入、上级补助收入、事业收入和其他收入等情况统筹安排。

(二) 正确界定事业支出的范围，如实反映事业发展的规模和支出水平

划清事业支出与经营支出的界限，凡是直接用于经营活动的费用，应当直接在经营支出中反映；已在事业支出中统一垫支的各项费用，应如数归还；对实在

难以划清的费用，应当按照规定比例合理分摊，在经营支出中列支，冲减事业支出。

（三）加强经济核算，提高资金使用效益

树立成本费用意识和投入产出意识，并根据自身的业务特点，建立经济核算制度；区别不同性质的支出，实施不同的核算办法。

（四）按照专款专用原则，加强支出管理

按要求专款专用，定期向财政部门或者主管部门报送专项资金使用情况，项目完成后，要报送专项资金支出决算和使用效果的书面报告，接受财政部门或主管部门的检查、验收。

三、经营支出管理

经营支出是指事业单位在业务活动及其辅助活动之外开展非独立核算经营活动发生的支出。越来越多的事业单位，在完成业务活动及其辅助活动之外还开展一些非独立核算的经营活动，如从事一些简单的产品生产、商品购销及有偿服务活动等。按照财务规定，事业单位非独立核算的经营活动所发生的全部支出，都应当纳入经营支出核算与管理；事业单位在经营活动中应正确归集实际发生的各项费用，无法归集的，应按规定的比例分摊；实行内部成本核算管理，使经营支出与经营收入相匹配，确保成本费用项目与有关经营支出相衔接。

四、自筹基本建设支出管理

自筹基本建设支出是指事业单位用财政补助收入以外的资金安排基本建设发生的支出。财政补助收入不能用于安排自筹基本建设。事业单位要统筹考虑单位各项收入情况，根据需要与可能安排自筹基本建设支出。

五、对附属单位补助支出和上缴上级支出管理

对附属单位的补助支出是事业单位用财政补助收入以外的收入对附属单位进行补助发生的支出。附属单位一般是指事业单位所属独立核算的单位，如高等院

校附属的中学、小学，科学院附属研究所等。事业单位转拨财政部门拨入的各类事业费，不能列入对附属单位的补助支出中。对属于补助性质的支出，应当按规定的标准和资金渠道列支，并用于规定的受补助单位。

上缴上级支出是指实行收入上缴办法的事业单位按照规定的定额或者比例上缴上级单位的支出。一般只有少数事业单位因占有较多的国有资产，或得到国家特殊政策，以及收支归集配比不清等原因取得较多收入，这类事业单位可以实行收入上缴办法，由此而发生的支出反映在该单位的上缴上级支出中。对属于上缴性质的支出，应按核定的定额或收入的一定比例上缴给上级单位。

第四节　事业单位支出的会计核算

一、事业支出的核算

（一）事业支出的确认和计量

事业支出一般根据有关规定在发生款项支付时确认，并按实际支付的金额进行计量入账，具体如下。

（1）对于发给个人的工资、津贴、补贴等，在确认应付职工薪酬时确认为事业支出，应按照应付职工薪酬确认的金额进行计量入账。

（2）购入办公用品可根据购货发票金额直接确认支出并计量入账。购入其他各种材料可在领用时确认支出，按照规定的方法计算出发出存货的金额进行计量入账。

（3）社会保障费、职工福利费和管理部门支付的工会经费，按照规定标准和实有人数每月在计算提取时确认支出，按照实际提取的金额进行计量入账。

（4）固定资产修购基金按核定的比例在提取时确认为支出，按照提取的金额进行计量入账。

（5）购入固定资产，经验收后确认为支出，按照购入的实际成本进行计量入账。

事业单位应付职工薪酬的发生时间和支付时间间隔较短，在确认应付职工薪酬时也同时确认相应的支出。

（二）事业支出的科目设置

为了核算事业单位开展业务活动及其辅助活动发生的基本支出和项目支出，在支出要素类设置"事业支出"总账科目。本科目借方登记事业支出的增加数；贷方登记事业支出的减少数；借方余额反映实际支出累计数。期末结账后，本科目应无余额。

本科目应当按照"基本支出"和"项目支出"，"财政补助支出"、"非财政专项资金支出"和"其他资金支出"等层级进行明细核算；"基本支出"和"项目支出"明细科目下应当按照《2022 年政府收支分类科目》中"支出经济分类"的"款"级科目进行明细核算；同时在"项目支出"明细科目下按照具体项目进行明细核算。

（三）事业支出的主要账务处理

（1）为从事业务活动及其辅助活动人员计提的薪酬等，借记本科目，贷记"应付职工薪酬"等科目。

（2）开展业务活动及其辅助活动领用的存货，按领用存货的实际成本，借记本科目，贷记"存货"科目。

（3）开展业务活动及其辅助活动中发生的其他各项支出，借记本科目，贷记"库存现金""银行存款""零余额账户用款额度""财政补助收入"等科目。

（4）期末，将本科目（财政补助支出）本期发生额结转入"财政补助结转"科目，借记"财政补助结转——基本支出结转、项目支出结转"科目，贷记本科目（财政补助支出——基本支出、项目支出）或本科目（基本支出——财政补助支出、项目支出——财政补助支出）；将本科目（非财政专项资金支出）本期发生额结转入"非财政补助结转"科目，借记"非财政补助结转"科目，贷记本科目（非财政专项资金支出）或本科目（项目支出——非财政专项资金支出）；将本科目（其他资金支出）本期发生额结转入"事业结余"科目，借记"事业结余"科目，贷记本科目（其他资金支出）或本科目（基本支出——其他资金支出、项目支出——其他资金支出)。

二、事业单位经营支出和其他支出的核算

(一) 经营支出的核算

1. 经营支出的确认和计量

经营支出应在经济业务行为发生,且具有支付的义务和责任时确认为支出,并根据实际或应付的款项数进行计量入账。

在确认职工薪酬时,应按照应付职工薪酬确认的金额进行计量入账。

2. 经营支出的科目设置

为了核算事业单位在业务活动及其辅助活动之外开展非独立核算经营活动发生的支出,在支出要素类设置"经营支出"总账科目。本科目借方登记经营支出的增加数;贷方登记经营支出的减少数;借方余额反映经营支出的实际支出累计额。期末结账后,本科目应无余额。

3. 经营支出的主要账务处理

(1) 为在业务活动及其辅助活动之外开展非独立核算经营活动人员计提薪酬等,借记本科目,贷记"应付职工薪酬"等科目。

(2) 在业务活动及其辅助活动之外开展非独立核算经营活动领用、发出的存货,按领用、发出存货的实际成本,借记本科目,贷记"存货"科目。

(3) 在业务活动及其辅助活动之外开展非独立核算经营活动中发生的其他各项支出,借记本科目,贷记"库存现金""银行存款""应缴税费"等科目。

(4) 期末,将本科目本期发生额转入经营结余,借记"经营结余"科目,贷记本科目。

(二) 其他支出的核算

1. 其他支出的确认与计量

其他支出一般在发生其他支出的款项支付时确认,并按实际支付的金额进行计量入账。

事业单位的货币性资金损失及核销其他应收款的损失，按照实际损失金额进行计量入账。

2. 其他支出的科目设置

为了核算事业单位除事业支出、上缴上级支出、对附属单位补助支出、经营支出以外的其他各项支出，在支出要素类设置"其他支出"总账科目。本科目借方登记其他支出的增加数；贷方登记其他支出的减少数；平时借方余额反映其他支出的累计数。期末结账后，本科目应无余额。

本科目应当按照其他支出的类别、《2022 年政府收支分类科目》中"支出功能分类"相关科目等进行明细核算。其他支出中如有专项资金支出，还应按具体项目进行明细核算。

3. 其他支出的主要账务处理

（1）利息支出。支付银行借款利息时，借记本科目，贷记"银行存款"科目。

（2）捐赠支出。对外捐赠现金资产，借记本科目，贷记"银行存款"等科目。对外捐出存货，借记本科目，贷记"待处置资产损益"科目。对外捐赠固定资产、无形资产等非流动资产，不通过本科目核算。

（3）现金盘亏损失。每日现金账款核对中如发现现金短缺，属于无法查明原因的部分，报经批准后，借记本科目，贷记"库存现金"科目。

（4）资产处置损失。报经批准核销应收及预付款项、处置存货，借记本科目，贷记"待处置资产损益"科目。

（5）接受捐赠（调入）非流动资产发生的税费支出。接受捐赠、无偿调入非流动资产发生的相关税费、运输费等，借记本科目，贷记"银行存款"等科目。

（6）以固定资产、无形资产取得长期股权投资，所发生的相关税费计入本科目。具体账务处理参见"长期投资"科目。

期末，将本科目本期发生额中的专项资金支出结转入非财政补助结转，借记"非财政补助结转"科目，贷记本科目下各专项资金支出明细科目；将本科目本期发生额中的非专项资金支出结转入事业结余，借记"事业结余"科目，贷记本科目下各非专项资金支出明细科目。

三、事业单位上缴上级支出和对附属单位补助支出的核算

（一）上缴上级支出的核算

1. 上缴上级支出的确认与计量

上缴上级支出应当在事业单位按照有关规定向上级单位上缴款项时确认，按照实际上缴的金额进行计量入账。

2. 上缴上级支出的科目设置

为了核算事业单位按照财政部门和主管部门的规定上缴上级单位的支出，在支出要素类设置"上缴上级支出"总账科目。本科目借方登记上缴上级单位的资金数；贷方登记上缴资金的退还数和期末转账数；借方余额反映实际上缴上级资金的累计数。期末结账后，本科目应无余额。

本科目应当按照收缴款项单位、缴款项目、《2022年政府收支分类科目》中"支出功能分类"相关科目等进行明细核算。

3. 上缴上级支出的主要账务处理

（1）按规定将款项上缴上级单位时，按照实际上缴的金额，借记本科目，贷记"银行存款"等科目。

（2）期末，将本科目本期发生额转入事业结余，借记"事业结余"科目，贷记本科目。

（二）对附属单位补助支出的核算

1. 对附属单位补助支出的确认与计量

对附属单位补助支出应当在事业单位按照有关规定对下级单位进行款项补助时确认，按照实际补助款项的金额进行计量入账。

2. 对附属单位补助支出的科目设置

为了核算事业单位用财政补助收入之外的收入对附属单位补助发生的支出，在支出要素类设置"对附属单位补助支出"总账科目。本科目借方登记事业单

位对附属单位补助发生的支出数；贷方登记对附属单位补助的收回数和期末转账数；平时借方余额反映对附属单位补助支出的累计数。期末结账后，本科目应无余额。

本科目应当按照接受补助单位、补助项目、《2022 年政府收支分类科目》中"支出功能分类"相关科目等进行明细核算。

3. 对附属单位补助支出的主要账务处理

（1）发生对附属单位补助支出时，按照实际支出的金额，借记本科目，贷记"银行存款"等科目。

（2）期末，将本科目本期发生额转入事业结余，借记"事业结余"科目，贷记本科目。

第四章 政府会计制度下事业单位资产管理与核算

第一节 事业单位资产概述

一、事业单位资产的概念及特征

事业单位的资产是指事业单位占有或者使用的、能以货币计量的经济资源，包括各种财产、债权和其他权力。事业单位的资产分为流动资产、对外投资、固定资产、无形资产等。它是事业单位开展业务活动，实现其自身目标不可缺少的物质保障。其特征如下。

（1）是事业单位拥有或控制的经济资源，具有为事业单位服务的潜能或某些特定权利，事业单位可以自主地运用其进行经济活动，并承担由此产生的各种风险。

（2）具有价值，可以用货币来计量，并据以登记入账、核算、反映的经济资源。

（3）必须通过已经发生的交易或事项为事业单位所取得，必须由事业单位占有或使用。

二、事业单位资产的分类

（一）按资产的属性进行分类

事业单位的资产按资产的属性分为流动资产、固定资产、在建工程、无形资产和长期投资等。

（二）按资产的流动性进行分类

事业单位为了有效地管理各项资产，通常将资产按照流动性分为流动资产和非流动资产。

流动资产是指预计在 1 年内（含 1 年）变现或者耗用的资产，包括货币资产、应收及预付款项、存货和短期投资等，具有周转快、变现能力强，以及实物形态不断变化等特点。

货币资金包括库存现金、银行存款、零余额账户用款额度等。

应收及预付款项是指事业单位在开展业务活动中形成的各项债权，包括财政应返还额度、应收票据、应收账款、其他应收款等应收款项和预付账款。

存货是指事业单位在开展业务活动及其他活动中为耗用而储存的资产，包括材料、燃料、包装物和低值易耗品等。

短期投资是指事业单位依法取得的，持有时间不超过 1 年（含 1 年）的投资。

非流动资产是指流动资产以外的资产，包括固定资产、在建工程、无形资产和长期投资等，具有不易变现、流动性弱等特点。

固定资产是指事业单位持有的使用期限超过 1 年（不含 1 年），单位价值在规定标准以上，并在使用过程中基本保持原有物质形态的资产，包括房屋及构筑物、专用设备、通用设备等。单位价值虽未达到规定标准，但是耐用时间超过 1 年（不含 1 年）的大批同类物资，应当作为固定资产核算。

在建工程是指事业单位已经发生必要支出，但尚未完工交付使用的各种建筑（包括新建、改建、扩建、修缮等）和设备安装工程。

无形资产是指事业单位持有的没有实物形态的可辨认非货币性资产，包括专利权、商标权、著作权、土地使用权、非专利技术等。

长期投资是指事业单位依法取得的，持有时间超过 1 年（不含 1 年）的各种股权和债权性质的投资。

三、资产的确认与计量

（一）资产的确认

资产的确认需要同时满足以下两个条件：

（1）成本或价值能可靠地计量。

（2）事业单位资产的确认时间为事业单位取得资产相关权力的时间。

在事业单位资产管理中，会存在一些无法可靠计量的资产，但要求登记入账，对其进行价值核算和实物核算，以形成内部控制，防止资产流失。制度规定，要求以名义金额对资产进行计量，并在资产负债表中反映。

（二）资产的计量

资产计量包括取得资产时的初始计量和取得资产后的后续计量。

1. 初始计量

初始计量是指资产初始确认时入账金额的确定。事业单位在确认资产时，通常按照取得资产时所发生的实际成本进行计量。除国家另有规定外，事业单位不得自行调整其账面价值。

以支付对价方式取得的资产，应当按照取得资产时支付的现金或者现金等价物的金额，或者按照取得资产时所付出的非货币性资产的评估价值等金额计量。

取得资产时没有支付对价的，其计量金额应当按照有关凭证注明的金额加上相关税费、运输费等确定；没有相关凭证也未经评估的，其计量金额比照同类或类似资产的市场价格加上相关税费、运输费等确定；没有相关凭证也未经评估，其同类或类似资产的市场价格无法可靠取得的，应当按照所取得资产的名义金额入账。

2. 后续计量

资产的后续计量是指事业单位资产存续期内的各期末，对资产账面价值重新计价。事业单位对资产的后续计量主要包括固定资产的累计折旧、改扩建修缮后的固定资产价值计量和无形资产的累计摊销、功能发生变化的无形资产价值的后续计量。

此外，对于盘盈实物资产的计量方法规定了如下顺序：按照同类或类似资产的实际成本或市场价格确定入账价值；同类或类似资产的实际成本、市场价格均无法可靠取得的，按照名义金额入账。

第二节　事业单位固定资产管理与核算

一、事业单位固定资产管理

（一）固定资产的含义和分类

1. 固定资产的含义

固定资产是指使用期限超过一年，单位价值在 1000 元以上（专用设备单位价值在 1500 元以上），并且在使用过程中能基本保持原有物质形态的资产。

事业单位固定资产应具备以下条件。

（1）固定资产的使用期限在一年以上、单位价值在规定标准以上。

与流动资产中的一次性消耗材料和一年内转变为现金的其他流动资产项目不同，国家规定固定资产的使用期限应超过一年，单位价值应在 1000 元以上（专用设备单位价值在 1500 元以上）。单位价值虽未达到规定标准，但是耐用时间在一年以上的大批同类物资，作为固定资产管理。

（2）固定资产在使用过程中要基本保持原有物质形态。

固定资产在使用过程中要基本保持原有物质形态，其价值在多次使用中，随着固定资产的磨损程度而逐步地或者多次地消耗、转移或者实现。这与流动资产在使用中不断改变其原有物质形态，价值一次性消耗、转移或者实现是完全不同的。

一般应同时具备以上条件的资产才能作为固定资产进行管理和核算。

2. 固定资产的分类

固定资产是单位开展业务工作的重要物质条件，其种类繁多，规格不一，为了加强固定资产管理，正确进行固定资产核算，必须对其进行合理的分类。

固定资产一般分为六类：房屋和构筑物，通用设备，专用设备，文物和陈列品，图书、档案，其他固定资产。

（1）房屋和建筑物。

房屋和建筑物，是指产权属于本单位的所有房屋和建筑物，包括办公室（楼）、会堂、宿舍、食堂、车库、仓库、油库、档案馆、活动室、锅炉房、烟囱、水塔、水井、围墙等及其附属的水、电、煤气、取暖、卫生等设施。

（2）通用设备。

通用设备，是指常用的办公与事务方面的设备，如办公桌、椅、凳、橱、架、沙发、取暖和降温设备、会议室设备、家具用具等。一般设备属于通用的，如被服装具、饮具炊具、装饰品等也列入通用设备类内。

（3）专用设备。

专用设备，是指属于单位所有专门用于某项工作的设备。包括文体活动设备、录音录像设备、放映摄像设备、打字电传设备、电话电报通信设备、舞台与灯光设备、档案馆的专用设备，以及办公现代化微电脑设备等。凡是专用于某一项工作的工具器械等，均应列为专用设备。

（4）文物和陈列品。

文物和陈列品，是指博物馆、展览馆等文化事业单位的各种文物和陈列品。如古玩、字画、纪念物品等。

（5）图书和档案。

图书，是指专业图书馆、文化馆的图书和单位的业务书籍。单位内部的图书资料室、档案馆所有的各种图书，包括政治、业务、文艺等书籍，均属国家财产。档案，是指档案管理机构保管的档案及单位统一管理的档案。

（6）其他固定资产。

其他固定资产，是指以上各类未包括的固定资产。

（二）固定资产的日常管理

固定资产日常管理流程如图 4-1 所示。

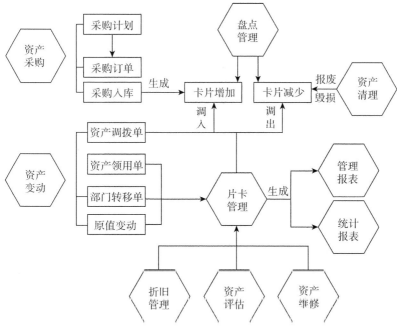

图4-1　固定资产日常管理流程

1. 固定资产日常管理的基础工作

（1）验收合格。

登记入账的固定资产，财务上要求必须调试验收合格，只有达到可以使用状态的固定资产才能发挥生产效能。对没有安装完成的固定设备，在财务处理上也有相应的规定，要记入"在建工程"项目，作为正式固定资产的一个过渡称谓。

（2）登记品名、规格。

要对固定资产进行有效管理，固定资产必须有固定的名称，名称必须符合行业标准、简明、通俗易记、准确无误。固定资产除名称以外，还应该有明确的规格，否则随着同类设备的增加，很可能增加识别的难度：一方面，财务会计在建立固定资产台账的时候必须登记固定资产名称、规格；另一方面，对于使用中的固定资产，必须在醒目的位置上张贴固定资产标识，标签上注明与会计账务上相同的名称及规格。

（3）设立固定资产编码。

在固定资产较多的单位，由于品名、规格的相同或相似，给固定资产的日常管理、盘点、识别带来了许多的不便。要解决这个问题，就要建立固定资产编码，会计人员对确认的每一项固定资产，都要编制出一个唯一的固定资产编码，将这一个编码同时在固定资产台账和实物标签中体现出来。

2. 做好固定资产日常管理工作

（1）加强教育，提高认识。

资产管理不仅是资产管理员或其他哪个人、哪个部门的事，与每个公务人员都息息相关，是每个人的责任。在系统内要加强教育，提高全体人员的责任意识，倡导"勤俭节约，爱护公物"的风气，树立以单位为家的意识，尽可能地保护资产的完好，做到物尽其用，延长资产的使用寿命，提高资产使用效率。

（2）完善制度，规范流程。

一是规范资产入库登记制度，严把数量、质量关。采购小组对计划购置的设备特别是电子设备和专用设备等，在设备的规格、型号、内部配置及其他技术要求方面要做细致的验收，必要时应聘请专业技术人员协助验收，以提高实物资产验收的工作质量。

二是规范资产的领用交回制度。完善资产转移手续，新购置的资产出库时，要将数量、质量和规格等内容让资产使用单位和使用人进行确认。内部调拨的资产以及资产暂时不需要或不能用交回时，在资产转移前，要按照出库单的相关内容先查验后移交，资产移交的双方需在数量、质量和规格等方面进行确认。资产内部调拨时要有调拨单，资产交回时则以入库单的形式详细记录资产转移手续。

三是规范资产保管清查制度。资产的保管工作必须是在单位提供专门场所和指定专人负责的前提下进行，除了对保管的资产做到数量清、质量清、规格清、存放有序，还要做好资产保管的规范统计、资产的维修登记、报废鉴定等工作。要保证每年对实物资产进行清查盘点，特别是在基层单位负责人调整时，应履行资产盘点和移交手续，始终保持卡片信息与实物资产的真实、统一。在资产的定期盘点中，资产管理员要认真撰写现有资产的存量、结构和使用状况报告，对闲置的资产以及利用率不高的资产要提出合理调配计划，使单位领导对资产管理情况有比较全面的了解，以充分发挥资产的使用效率。

四是完善资产维护保养制度。资产的维护保养主要是资产使用单位或资产使用人的职责，但在各单位的资产管理办法和实施细则中往往只做了条款式的规定，而使用单位对资产要维护保养什么、有哪些要求等，则不够清楚。资产管理员应按资产的类型、技术要求、操作规程等对资产的维护保养做出明确规定，特别是对车辆和电子设备、电器设备等贵重、精密的资产要加强定期的维护与保养。资产管理员要制订资产维修计划，检查并改善资产的使用状况，减少资产的非正常损耗，延长国有资产的使用寿命。

（3）及时建档，完善资料。

加强固定资产档案资料的日常积累，建立与完善固定资产档案，以使资产管理的基础性工作更加规范化。财务部门要在资产入账时严把审核关，保证资产的购置、验收入库及出库等手续齐全，并对相关凭证和资料进行日常积累和整理，与资产管理部门协调配合，随时掌握资产的存量结构和使用状况，为资产信息统计上报、资产处置及资产的动态管理等做好基础性工作。

（4）全程监督，实施奖惩。

资产管理员要按照工作职权和管理制度的要求，对资产进行全程监控。资产管理员要参与到资产购建和流转的每一个环节，对验收入库的资产要进行详细登记和信息录入，做到数量清、质量清、规格清，并掌握资产管理的整体情况。同时，要将资产的日常监管、常规使用与维护保养等工作，作为每个单位及个人年度考核的内容之一，对责任心不强，管理不善，造成不当损失的要按有关规定进行处理；对工作做得好的，应给予表彰，并在评先评优等方面给予优先考虑，激发其工作热情和责任心，从而不断提高资产管理水平。

（三）固定资产购建的管理

固定资产增加的来源主要有购入的固定资产、基建完工验收的固定资产、自制的固定资产、调入的固定资产和接受捐赠的固定资产。

1. 购入的固定资产管理

按照实际支付的买价或调拨价及运杂费、安装费和缴纳的有关税费等计价。事业单位应当根据工作需要和财力，认真研究、科学论证，编制年度固定资产采购计划，经单位领导审批，主管部门同意，报财务部门批准后，列入当年预算，并在批准的范围内购置。单位购置贵重精密固定资产，应当事先进行可行性论证，提出各种不同方案，择优选用。如果购买属于控制范围的商品，必须按照有关控制社会集团购买力的有关规定办理，执行政府采购制度。对购入的固定资产，应由单位资产管理部门组织验收；对购置的专业设备、贵重精密设备（仪器）等，应当会同有关专业技术人员进行验收。经验收合格后，资产管理部门要填制"固定资产验收单"，办理固定资产入库手续；财务部门要填制记账凭单，计入固定资产总账。

2. 基建投资建设完工验收的固定资产管理

基本建设项目竣工交付使用时，施工单位应当按照规定办理基本建设竣工决算，并编造完工清册，逐项注明完工财产的数量和价值。同时，按照规定将有关技术文件交给建设单位。事业单位由单位资产管理部门组织验收。经验收合格的项目，应填制"基本建设工程完工项目验收单"，登记固定资产账簿、卡片；财务部门办理与购入固定资产相同的入账手续。

3. 自制的固定资产、无偿调入的固定资产、接受捐赠的固定资产的管理

自制的固定资产、无偿调入的固定资产、接受捐赠的固定资产均应当按照规定进行计价、验收，并登记入账。

（四）固定资产处置的管理

1. 事业单位固定资产处置的概念及范围

事业单位固定资产处置，是指固定资产的无偿转让、出售、置换、报损、报废等。范围包括：闲置资产；因技术原因并经科学论证确需报废、淘汰的资产；因单位分立、撤销、合并、改制、隶属关系改变等原因发生的产权或者使用权转移的资产；盘亏、呆账及非正常损失的资产；已超过使用年限无法继续使用的资产；根据国家政策规定需要处置的资产。

2. 事业单位固定资产处置的程序

事业单位处置国有资产应当严格履行审批手续，未经批准不得处置。事业单位固定资产的处置应当遵循公开、公正、公平的原则，数量较多或者价值较高的，还应通过拍卖等市场竞价的方式公开处置。报有关部门审批时，还应根据不同情况提交有关文件、证件及资料。

事业单位固定资产价值或者批量价值在规定限额以上的，应先经主管部门审核，然后再报同级财政部门审批；规定限额以下的固定资产，只需报主管部门审

批，主管部门将审批结果定期报同级财政部门备案。"规定限额"按照各级政府的规定，一般指原值在 1 万元以上（含 1 万元）或年度内总额在 5 万元以上的固定资产。

3. 事业单位固定资产处置收入的会计核算方法

事业单位固定资产处置的变价收入和残值收入属于国家所有，按照政府非税收入管理的规定，应及时全额上缴财政非税收入专户，实行"收支两条线"管理，严禁坐支和挪作他用。

（五）固定资产折旧

1. 固定资产折旧的含义

固定资产折旧指一定时期内，为弥补固定资产损耗，按照规定的固定资产折旧率提取的固定资产折旧，或按国民经济核算统一规定的折旧率虚拟计算的固定资产折旧。它反映了固定资产在当期生产中的转移价值。

各类企业和企业化管理的事业单位的固定资产折旧是指实际计提的折旧费。

不计提折旧的政府机关、非企业化管理的事业单位和居民住房的固定资产折旧是按照统一规定的折旧率和固定资产原值计算的虚拟折旧。

（1）计提折旧的固定资产范围。

计提折旧的固定资产包括：

①房屋建筑物；

②在用的机器设备、食品仪表、运输车辆、工具器具；

③季节性停用及修理停用的设备；

④以经营租赁方式租出的固定资产和以融资租赁方式租入的固定资产。

（2）不计提折旧的固定资产范围。

不计提折旧的固定资产包括：

①已提足折旧仍继续使用的固定资产；

②以前年度已经估价单独入账的土地；

③提前报废的固定资产；

④以经营租赁方式租入的固定资产和以融资租赁方式租出的固定资产。

2. 影响固定资产折旧的因素

(1) 固定资产原价。

固定资产原价是指固定资产的成本。已达到预定可使用状态、但尚未办理竣工决算的固定资产，应当按照估计价值确定其成本，并计提折旧；待办理竣工决算手续后，再按实际成本调整原来的暂估价值，但不需要调整原已计提的折旧额。

(2) 预计净残值。

预计净残值是指假定固定资产预计使用寿命已满并处于使用寿命终了时，事业单位从该项资产处置中获得的扣除预计处置费用后的金额。

(3) 固定资产减值准备。

固定资产减值准备是指固定资产已计提的固定资产减值准备累计金额。

(4) 固定资产的使用寿命。

固定资产的使用寿命是指使用固定资产的预计期间或者该固定资产所能生产产品或提供劳务的数量。确定固定资产使用寿命时，应考虑下列因素：

①该资产的预计生产能力或实物产量；

②该资产的有形损耗，如设备使用中发生磨损、房屋建筑物受到自然侵蚀等；

③该资产的无形损耗，如因新技术的出现而使现有的资产技术水平相对陈旧、因市场需求变化使产品过时等；

④法律或有关规定对该项资产使用的限制。

二、事业单位固定资产核算

事业单位应分别设置"固定资产"和"累计折旧"两个总账科目，前者用于核算事业单位固定资产的原价，后者用于核算事业单位固定资产计提的累计折旧。"固定资产"属于资产类科目，借方登记固定资产的增加，贷方登记固定资产的减少；期末借方余额，反映事业单位期末固定资产账面原价。"累计折旧"属于资产备抵科目，贷方登记单位计提的固定资产累计折旧，借方登记处置固定资产转出的累计折旧，期末贷方余额，反映事业单位提取的固定资产折旧累计数。

事业单位应当在"固定资产"科目下，按照固定资产类别、项目和使用部门等进行明细核算，同时在"累计折旧"科目下，按照所对应固定资产的类别、项目等进行明细核算。

此外，为了同时满足预算管理和财务管理的双重需要，与行政单位类似，事业单位在净资产类"非流动资产基金"科目下设置了一个"固定资产"明细科目，用于核算和反映事业单位固定资产在净资产中占用的金额。因此，"固定资产"也属于"双分录"的账务处理范围，"固定资产"总是与"非流动资产基金——固定资产"相对应。

（一）固定资产的取得

1. 外购固定资产

外购固定资产的核算要先确定固定资产的成本，包括实际支付的购买价款、相关税费以及使固定资产达到交付使用状态前所发生的可归属于该项资产的运输费、装卸费、安装调试费和专业人员服务费等。以一笔款项购入多项没有单独标价的固定资产，按照各项固定资产同类或类似资产市场价格的比例对总成本进行分配，分别确定各项固定资产的入账成本。

（1）购入不需安装的固定资产，按照确定的固定资产成本，借记"固定资产"科目，贷记"非流动资产基金——固定资产"科目；同时，按实际支付金额，借记"事业支出""经营支出""专用基金——修购基金"等科目，贷记"财政补助收入""零余额账户用款额度""银行存款"等科目。

（2）购入需要安装的固定资产，先通过"在建工程"科目核算。根据需要安装的固定资产全部成本（包括买价、包装费、运费和安装费），借记"在建工程"科目，贷记"非流动资产基金——在建工程"科目，同时，按照实际支付的金额，借记"事业支出""经营支出"等科目，贷记"财政补助收入""零余额账户用款额度""银行存款"等科目。

安装完工交付使用时再转入"固定资产"科目，借记"固定资产"科目，贷记"非流动资产基金——固定资产"科目，同时，借记"非流动资产基金——在建工程"科目，贷记"在建工程"科目。已交付使用但尚未办理竣工决算手续的固定资产，按照估计价值入账，待确定实际成本后再进行调整。

（3）购入固定资产扣留质量保证金。购入固定资产扣留固定资产保证金的，在取得固定资产时，按照确定的资产成本，借记"固定资产"（不需安装的）或"在建工程"（需安装的）科目，贷记"非流动资产基金——固定资产（或在建工程）"科目。同时，取得资产全额发票的，按照构成资产成本的全部支出金额，借记"事业支出""经营支出""专用基金——修购基金"等科目，按照实际支出金额，贷记"财政补助收入""零余额账户用款额度""银行存款"等，按照扣留的质量保证金数额，贷记"其他应付款"（扣留期在 1 年以内，含 1 年）或"长期应付款"（扣留期超过 1 年）科目。

如果取得资产发票不包括质量保证金，应同时按照不包括质量保证金的支出金额，借记"事业支出""经营支出""专用基金——修购基金"等科目，贷记"财政补助收入""零余额账户用款额度""银行存款"等科目。

质保期满支付质量保证金时，借记"其他应付款""长期应付款"或"事业支出""经营支出""专用基金——修购基金"等科目，贷记"财政补助收入""零余额账户用款额度""银行存款"等科目。

2. 自行建造固定资产

自行建造的固定资产，其成本包括建造该项资产至交付使用前所发生的全部必要支出。工程完工交付使用时，按自行建造过程中发生的实际支出，借记"固定资产"科目，贷记"非流动资产基金——固定资产"科目；同时，借记"非流动资产基金——在建工程"科目，贷记"在建工程"。已交付使用但尚未办理竣工决算手续的固定资产，按照估计价值入账，待确定实际成本后再进行调整。

3. 融资租入固定资产

融资租入固定资产，其成本按照租赁协议或者合同确定的租赁价款、相关税费及固定资产交付使用前所发生的可归属于该项资产的运输费、途中保险费、安装调试费等确定。按照确定的成本，借记"固定资产"科目（不需安装）或"在建工程"（需安装）科目，按照租赁协议或合同确定的租赁价款，贷记"长期应付款"科目，按两者差额，贷记"非流动资产基金——固定资产（或在建工程）"科目。同时，按照实际支付的相关税费、运输费、途中保险费、安装调试费等，借记"事业支出""经营支出"等科目，贷记"财政补助收入""零余额账户用款额度""银行存款"等科目。

定期支付租金时，按照支付的租金金额，借记"事业支出""经营支出"等科目，贷记"财政补助收入""零余额账户用款额度""银行存款"等科目；同时，借记"长期应付款"科目，贷记"非流动资产基金——固定资产"科目。

跨年度分期付款购入固定资产的账务处理，参照融资租入固定资产。

4. 接受捐赠、无偿调入固定资产

接受捐赠、无偿调入的固定资产，其成本按照有关凭据注明的金额加上相关税费、运输费等确定；没有相关凭据的，其成本比照同类或类似固定资产的市场价格加上相关税费、运输费等确定；没有相关凭据、同类或类似固定资产的市场价格也无法可靠取得的，该固定资产按照名义（即人民币1元）金额入账。

接受捐赠、无偿调入的固定资产，按照确定的固定资产成本，借记"固定资产"（不需安装）或"在建工程"（需安装）科目，贷记"非流动资产基金——固定资产（或在建工程）"科目；按照发生的相关税费、运输费等，借记"其他支出"科目，贷记"银行存款"等科目。

（二）固定资产的折旧计提

事业单位应当在固定资产使用寿命期内，按照确定的方法计提折旧。

1. 计提折旧的范围

事业单位应当对除下列各项资产以外的其他固定资产计提折旧：①文物和陈列品；②动植物；③图书、档案；④以名义金额计量的固定资产。

2. 计提折旧的政策规定

（1）事业单位应当根据固定资产的性质和实际使用情况，合理确定其折旧年限。省级以上财政部门、主管部门对事业单位固定资产折旧年限作出规定的，从其规定。

（2）事业单位一般应当采用年限平均法或工作量法计提固定资产折旧。

（3）事业单位固定资产的应折旧金额为其成本，计提固定资产折旧不考虑预计净残值。

（4）事业单位一般应当按月计提固定资产折旧。当月增加的固定资产，当月不提折旧，从下月起计提折旧；当月减少的固定资产，当月照提折旧，从下月起不提折旧。

（5）固定资产提足折旧后，无论能否继续使用，均不再计提折旧；提前报废的固定资产，也不再补提折旧。已提足折旧的固定资产，可以继续使用的，应当继续使用，规范管理。

（6）计提融资租入固定资产折旧时，应当采用与自有固定资产相一致的折旧政策。能够合理确定租赁期届满时将会取得租入固定资产所有权的，应当在租入固定资产尚可使用年限内计提折旧；无法合理确定租赁期届满时能够取得租入固定资产所有权的，应当在租赁期与租入固定资产尚可使用年限两者中较短的期间内计提折旧。

（7）固定资产因改建、扩建或修缮等原因而延长其使用年限的，应当按照重新确定的固定资产成本以及重新确定的折旧年限，重新计算折旧额。

从上述政策规定可以看出，事业单位计提折旧的规定比行政单位多了融资租赁固定资产的相关内容，行政单位一般并不存在融资租赁业务。

3. 计提折旧的账务处理

按月计提固定资产折旧时，按照实际计提金额，借记"非流动资产基金——固定资产"科目，贷记"累计折旧"科目。

（三）固定资产的后续支出

1. 固定资产的改扩建

在原有基础上进行改建、扩建、修缮后的固定资产，其成本按照原固定资产账面价值（"固定资产"科目账面余额减"累计折旧"科目账面余额后的净值）加上改建、扩建、修缮发生的支出，再扣除固定资产拆除部分的账面价值后的金额确定。

将固定资产转入改建、扩建、修缮时，按固定资产的账面价值，借记"在建工程"科目，贷记"非流动资产基金——在建工程"科目；同时，按固定资产对应的非流动资产基金，借记"非流动资产基金——固定资产"科目，按固定资产已计提折旧，借记"累计折旧"科目，按固定资产的账面余额，贷记"固定资产"科目。

工程完工交付使用时，借记"固定资产"科目，贷记"非流动资产基金——固定资产"科目，同时，借记"非流动资产基金——在建工程"科目，贷记"在建工程"科目。

2. 固定资产的维护

为维护固定资产的正常使用而发生的日常修理等后续支出，应当计入当期支出而不计入固定资产成本，借记"事业支出""经营支出"等科目，贷记"财政补助收入""零余额账户用款额度""银行存款"等科目。

（四）固定资产的处置

事业单位处置固定资产需报经主管部门审核，并报财政部门审批，其处置方式包括出售、无偿调出、对外捐赠、以固定资产对外投资等。

1. 出售、无偿调出、对外捐赠固定资产

出售、无偿调出、对外捐赠固定资产，先转入待处置资产，按照待处置固定资产的账面价值，借记"待处置资产损益——处置资产价值"科目，按照已计提折旧，借记"累计折旧"科目，按照固定资产的账面余额，贷记"固定资产"科目。

实现出售、无偿调出、对外捐出时，按照处置固定资产对应的非流动资产基金，借记"非流动资产基金——固定资产"科目，贷记"待处置资产损益——处置资产价值"科目。

出售固定资产取得价款收入等，按实际收到的金额，借记"库存现金""银行存款"等科目，贷记"待处置资产损益——处置净收入"科目。

出售固定资产过程中发生的相关税费，按实际发生的金额，借记"待处置资产损益——处置净收入"科目，贷记"库存现金""银行存款""应缴税费"等科目。

处置完毕，按照处置取得价款等收入扣除相关处置税费后的净收入，借记"待处置资产损益——处置净收入"科目，贷记"应缴国库款"等科目。

2. 以固定资产对外投资

以固定资产对外投资，按照评估价值加上相关税费作为投资成本，借记"长期投资"科目,贷记"非流动资产基金——长期投资"科目,按发生的相关税费,借记"其他支出"科目,贷记"银行存款""应缴税费"等科目;同时按照投出固定资产对应的非流动资产基金,借记"非流动资产基金——固定资产"科目,按照投出固定资产已计提折旧,借记"累计折旧"科目,按投出固定资产的账面余额,贷记"固定资产"科目。

(五) 固定资产的清查

事业单位的固定资产应当定期进行清查盘点,每年至少盘点一次。对于发生的固定资产盘盈、盘亏或报废、毁损,应当及时查明原因,按规定报经批准后进行账务处理。

1. 盘盈固定资产

盘盈的固定资产,按照同类或类似固定资产的市场价格确定入账价值;同类或类似固定资产的市场价格无法可靠取得的,按照名义金额(即人民币1元)入账。盘盈的固定资产按照确定的入账价值,借记"固定资产"科目,贷记"非流动资产基金——固定资产"科目。

2. 盘亏或者报废、毁损固定资产

盘亏或者报废、毁损的固定资产,转入待处置资产时,按照待处置固定资产的账面价值,借记"待处置资产损益——处置资产价值"科目,按照已计提折旧额,借记"累计折旧"科目,按照固定资产的账面余额,贷记"固定资产"科目。

报经批准予以处置时,按照已处置固定资产对应的非流动资产基金,借记"非流动资产基金——固定资产"科目,贷记"待处置资产损益——处置资产价值"科目。

处置报废、毁损固定资产过程中取得的价款收入、发生的相关费用,以及处置收入扣除相关费用后的净收入的账务处理,参见本节"固定资产的处置"部分。

三、有关固定资产会计核算的建议

（一）在固定资产的会计核算中坚持"实质重于形式"原则，提高会计信息质量

随着我国全面建成小康社会，进入新发展阶段，在会计实务中将会出现越来越多的新经济事项，固定资产作为事业单位资产的重要组成部分，在应用现行的政府会计准则制度进行固定资产核算时要坚持"实质重于形式"原则，真实、准确地反映经济事项的实质，提高会计信息质量。

（二）在制度中增加对"低值大批同类物资确认为固定资产"情形中"大批"的解释，指导会计实操核算

《事业单位会计制度》（财会〔2012〕）规定："单位价值虽未达到规定标准，但是耐用时间在一年以上的大批同类物资，作为固定资产管理"，其中并未对"大批"的具体含义做出解释，导致实务中对于批量低值物资入固定资产账仍存在争议，比如批量购入的雨伞达到什么数量标准就需要作为固定资产核算。对于此类问题，各单位的会计处理不一，缺乏较为统一的标准，可能会造成会计信息的不可比性。目前与《基本准则》相配套的《事业单位财务规则》2022年3月1日起实施，对于"大批同类物资确认为固定资产"仍采用了与原财务规则一样的表述，对批量并未给出准确的说法。建议在财务规则或制度解释中增加对"大批"含义的解释，以具体定义或者实例的形式为财务人员的实操提供借鉴和指导。

（三）及时更新完善单位固定资产管理和核算细则，实现实物和账务管理相统一

2020年财政部发布的《关于加强行政事业单位固定资产管理的通知》对于加强固定资产的管理和监督，提升国有资产管理水平和管理能力有着重要的意义。事业单位应当结合前述条例和政府会计准则中对固定资产核算的相关要求，及时更新完善单位的固定资产管理制度及核算细则，为财务人员和固定资产管理人员提供具体的遵循依据，同时加强信息化建设，确保国有资产报告、决算报告与国有资产管理信息系统的相互印证和稽核，实现资产的动态管理，做到固定资产的实物管理与财务管理账账相符、账实相符。

（四）加强对财务人员和资产管理人员的培训，提升资产管理水平

政府会计准则制度与固定资产管理条例带来的新变化对于事业单位的财务人员和资产管理人员来说是一个不小的挑战。一方面，在实务中，某些单位还存在财务人员既管账又管物的情况；另一方面，还存在对新准则新制度学习重视不够的情况。因此，在实行新制度的过程中，单位要厘清物与账的管理关系，在权责分明的前提下，加强对财务人员和资产管理人员的培训，把握住人这个关键的"牛鼻子"，提升职工素质，积极贯彻落实新制度新规定，提高国有资产管理的主动性、规范性和科学性。

第三节 事业单位流动资产管理与核算

一、事业单位流动资产管理

（一）事业单位流动资产的含义与特点

事业单位的流动资产包括货币资金、短期投资、应收及预付款项、存货等。流动资产与固定资产是相对的概念，其主要特点如下。

1. 流动资产不断改变占用形态

事业单位的流动资产在使用过程中经常从一种形态转变成另一种形态。事业单位取得的资金，一般都以现金的形式存在，为了保证事业单位业务活动的正常进行，必须用现金购买相关的办公用品等，这时货币形态的流动资产就转变为实物形态的流动资产。

2. 流动资产周转时间较短

流动资产在事业单位开展各项业务活动中不断被使用或者消耗，占用在流动

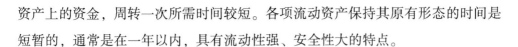

资产上的资金，周转一次所需时间较短。各项流动资产保持其原有形态的时间是短暂的，通常是在一年以内，具有流动性强、安全性大的特点。

3. 流动资产价值一次性消耗或转移

由于流动资产的单位价值较低、使用期限较短，决定了其一次性消耗或转移价值。

（二）现金管理

现金是指事业单位的库存现金，主要是用于单位的日常零星开支。现金是流动资产中流动性最强的一种资产，事业单位必须严格遵守国家关于现金管理的有关规定，加强和健全现金管理制度，确保现金安全。

1. 现金使用范围的管理

按照国家现金管理制度规定，事业单位可以在下列范围内使用现金。

（1）职工工资、津贴；

（2）个人劳务报酬；

（3）根据国家规定颁发给个人的科学技术、文化、艺术、体育等各种奖金；

（4）各种劳保、福利费用以及国家规定的对个人的其他支出；

（5）向个人收购农副产品和其他物资的价款；

（6）出差人员必须随身携带的差旅费；

（7）结算起点以下的零星开支；

（8）中国人民银行确定需要支付现金的其他开支。

2. 库存现金限额的管理

库存现金限额是指国家规定由开户银行给各单位核定一个保留现金的最高额度。核定单位库存现金限额的原则是，既要保证日常零星现金支付的合理需要，又要尽量减少现金的使用。开户单位由于经济业务发展需要增加或减少库存现金限额的，应按必要手续向开户银行提出申请。

凡在银行开户的独立核算单位都要核定库存现金限额；独立核算的附属单位，虽然没有在银行开户，但需要保留现金，也要核定库存现金限额，其限额可包括在其上级单位库存限额内；商业企业的零售门市部需要保留找零备用金，其限额可根据业务经营需要核定，但不包括在单位库存现金限额之内。

库存现金限额的计算方式一般是：

库存现金＝前一个月平均每天支付的数额（不含每月平均工资数额）×限定天数

库存现金限额的核定管理是为了保证现金的安全，规范现金管理，同时又能保证开户单位的现金正常使用。按照《现金管理暂行条例》及实施细则规定，库存现金限额由开户银行和开户单位根据具体情况商定，凡在银行开户的单位，银行应根据实际需要核定 3～5 天的日常零星开支数额作为该单位的库存现金限额。

库存现金限额每年核定一次，经核定的库存现金限额，开户单位必须严格遵守。其核定具体程序如下。

（1）开户单位与开户银行协商核定库存现金限额，具体公式为：

库存现金限额＝每日零星支出额×核定天数

每日零星支出额＝月（或季）平均现金支出额（不包括定期性的大额
现金支出和不定期的大额现金支出）/月（或季）平均天数

（2）开户单位填制"库存现金限额申请批准书"；

（3）开户单位将申请批准书报送单位主管部门，经主管部门签署意见，再报开户银行审查批准，开户单位凭开户银行批准的限额数作为库存现金限额。

库存现金限额经银行核定批准后，开户单位应当严格遵守，每日现金的结存数不得超过核定的限额。如库存现金不足限额时，可向银行提取现金，不得在未经开户银行准许的情况下坐支现金。库存现金限额一般每年核定一次，单位因业务发展、变化需要增加或减少库存限额时，可向开户银行提出申请，经批准后，方可进行调整，单位不得擅自超出核定限额增加库存现金。

3. 现金的日常管理要求

（1）各单位实行收支两条线，不准"坐支"现金。所谓"坐支"现金，是指企事业单位和机关、团体、部队从本单位的现金收入中直接支出现金。各单位现金收入应于当日送存银行，如当日确有困难，由开户单位确定送存时间。如遇特殊情况需要坐支现金，应该在现金日记账上如实反映坐支情况，并同时报告开户银行，便于银行对坐支金额进行监督和管理。

（2）企业送存现金和提取现金，必须注明送存现金的来源和支取的用途，且不得私设"小金库"。

按照《现金管理暂行条例》及其实施细则，企事业单位和机关团体部队现金管理应遵循"八不准"，即：

①不准用不符合财务制度的凭证顶替库存现金；

②不准单位之间互相借用现金；

③不准谎报用途套取现金；

④不准利用银行账户代其他单位和个人存入或支取现金；

⑤不准将单位收入的现金以个人名义存作储蓄；

⑥不准保留账外公款；

⑦不准发生变相货币；

⑧不准以任何票券代替人民币在市场上流通。

4. 建立健全现金管理制度

（1）钱账分管制度。即管钱的不管账，管账的不管钱。配备专职出纳员，负责办理现金收、付和保管业务，非出纳人员不得经管现金收、付和保管业务。

（2）严格遵守《现金管理暂行条例》及其实施细则的规定。

（3）现金必须及时交库。各业务部门收入的现金，应于当天送交财务部门，不得挪用、挤占和将公款私存银行。

（4）坚持日清日结。出纳员办理现金出纳业务，必须做到按日清理、按日结账，结出库存现金账面余额，并与库存现金实地盘点数核对相符。

（5）坚持现金盘点制度。出纳自身盘点，应由领导以及有关业务人员定期抽查，重点检查账款是否相符，有无白条抵库、有无私借公款、有无挪用公款、有无账外资金等违纪行为。

（6）规定库存现金限额。实际库存现金超过库存限额时，出纳员应将超过部分及时送存银行，如实际库存现金低于库存限额，应及时补提现金。

（三）银行存款管理

银行存款是指事业单位存放在银行或者非银行金融机构的货币资金。加强银行存款管理，必须按如下要求进行。

（1）各类货币资金应按照资金性质或业务需要，开设银行账户进行结算。

财务部门应设置银行存款分户账，逐日记录收、支、结存情况，每月与银行对账单核对，编制未达账款调节表，保持账账相符。

（2）财务部门收到各业务部门的各种银行收入的结算票据，填写进账单并及时送存银行，在银行确认收妥后，有关经办的业务部门方可办理业务结算手续。在款未收妥之前，不可办理钱物交易的结算手续。

（3）各类银行存款的支票预留印鉴和密码，由财务负责人和出纳人员分别掌握，不得向其他部门或个人借用、泄露。如因借用泄密而造成的经济损失应由财务部查明原因，追究借用、泄密者的赔偿责任。

（4）使用现金支票，不论对外支付款项或补充库存，均需由财务负责人或其指定人签发。

（5）使用转账支票，应由经办部门或经办人员持填写借据和结算凭证（包括购货发票、账单、收据等）经财务负责人和总经理（总裁）签字同意后，由出纳开出转账支票，凡不能预先取得结算凭证，需要借用空白支票的，需填写借据和经财务负责人和总经理（总裁）签字同意后，由经办人员在出纳员处办理借（领）用款手续，并在支票有关栏目填写签发日期、用途和限额，方可借出。借出的转账支票如发生丢失现象，经办人员应及时向财务部门报告，并向银行办理挂失手续。由于支票丢失造成的经济损失，应由丢失人赔偿，特殊情况可由财务部门根据具体情况提出处理意见，经总经理或上级批准后处理。

（6）需采用银行汇票、商业汇票、银行本票、汇兑、委托收款、信用证、托收承付等结算形式办理收、付款项的，同领用转账支票程序。

（7）业务经办人员借领的空白支票和财务部门办理的各种汇票，经办人员必须在规定期限内负责办理有关入库审批和报销手续，月终前必须将支票存根和未使用的支票交回财务部门。未按规定及时清理者，财务部门有权拒绝对其办理支票再借领手续。

（8）严格执行银行结算规定。任何人不得出租或出借银行存款账户；不准签发空头支票和远期支票；不得弄虚作假套取现金和银行信用卡。否则，由此造成的罚款等损失应由责任人赔偿。

（四）应收及预付款项管理

应收及预付款项是指事业单位在开展业务活动中形成的各项债权，包括财政应返还额度、应收票据、应收账款、其他应收款等应收款项和预付账款。

1. 应收票据

应收票据是指事业单位持有的、尚未到期兑现的商业票据。商业票据是载有一定付款日期、付款地点、付款金额和付款人的无条件支付的流通证券。

商业票据可按不同的标准进行分类：

（1）票据按能否立即兑付，分为即期票据和远期票据。即期票据见票即付，远期票据则须到指定的付款日期到期时才能兑付。

（2）票据按是否附息，分为附息票据和无息票据。附息票据到期时除需支付票据面额外，尚需按票面规定的利率支付利息，无息票据到期时只需支付票据面额。

2. 应收账款

应收账款是指事业单位因销售商品、提供劳务等经营活动，应向购货单位或接受劳务单位收取的款项，主要包括销售商品或提供劳务等应向有关债务人收取的价款及代购货单位垫付的包装费、运杂费等。

3. 其他应收款

其他应收款是应收款项的另一重要组成部分，是指除应收票据、应收账款和预付账款以外的各种应收暂付款项。其他应收款通常包括暂付款，是指在商品交易业务以外发生的各种应收、暂付款项。

4. 预付账款

预付账款是因购货和接受劳务，按照合同规定预付给供应单位的款项，主要是预付货款。事业单位必须重视和加强应收款项和预付款项的管理，建立一个良好的应收及预付款项的内部控制制度，主要应注意以下几个问题。

（1）职责分工制度。

例如，记账人员、开具销货发票人员不应兼任出纳员；票据保管人员不得经办会计记录；各级人员都应有严密的办事手续制度。

（2）严格的审批制度。

例如，各种赊销预付，接受顾客票据或票据的贴现换新，都应按规定的程序批准。

（3）健全的凭证保管、记录和审核制度。

客户的借款凭证必须妥善地审查保管，做好明细记录并及时登记入账，凭证的收入和支出必须经过审查。

（4）及时的货款对账、清算和催收制度。

对应收及预付账款应及时进行排队分析，针对逾期账款采取不同措施，努力促使账款及时、足额地清算和回收。对经办人员建立责任制度，加强各项账款的催收工作。

（5）严格的审查和管理制度。

对预付账款的协议、合同应严格审查，对销货退回和折让、票据贴现和坏账转销应加强审核和管理。

5. 财政应返还额度

财政应返还额度是指实行国库集中支付的事业单位，年终应收财政下年度返还的资金额度。财政国库管理制度改革单位年终结余资金的账务处理，具体应以主管财政机关的核定结果为依据。可采用"财政直接支付""财政授权支付"核算。

实行财政直接支付，年终结余资金账务处理时，借方登记单位本年度财政直接支付预算指标数与财政直接支付实际支出数的差额，贷方登记下年度实际支出的冲减数。

实行财政授权支付，年终结余资金账务处理时，借方登记单位零余额账户注销额度数，贷方登记下年度恢复额度数。

（五）零余额账户用款额度管理

为了适应财政国库管理制度改革资金核算的需要，规范财政国库集中支付改革后预算单位会计核算工作，财政部在 2001 年颁发的《财政国库管理制度改革试点会计核算暂行办法》（以下简称《暂行办法》）中，增设了"零余额账户用款额度"科目，用于核算预算单位在授权支付额度内办理授权支付业务。

1. 财政部零余额账户

财政部零余额账户用于财政直接支付。该账户每日发生的支付，于当日营业终了前与国库单一账户清算；单笔支付额 5000 万元（含 5000 万元）人民币以上的，应及时与国库单一账户清算。财政部零余额账户在国库会计中使用。

2. 预算单位零余额账户

预算单位零余额账户用于财政授权支出。该账户每日发生的支付，于当日营业终了前由代理银行在财政部批准的用款额度内与国库单账户清算；营业中单笔支付额 5000 万元（含 5000 万元）人民币以上的，应及时与国库单账户清算。财政授权的转账业务一律通过预算单位零余额账户办理。预算单位零余额账户在行政单位会计和事业单位会计中使用。

3. 预算单位零余额账户在事业单位会计中的账务处理

（1）事业单位应设置"零余额账户用款额度"科目。收到"授权支付到账通知书"后，根据通知书所列数额，借记"零余额账户用款额度"科目，贷记"拨入经费"科目或"财政补助收入"科目。事业单位购买物品、服务等支用额度时，借记"经费支出"或"事业支出""材料"等科目，贷记"零余额账户用款额度"科目；属于购入固定资产的，同时，应借记"固定资产"科目，贷记"固定基金"科目。事业单位从零余额账户提取现金时，借记"现金"科目，贷记"零余额账户用款额度"科目。

（2）年度终了，零余额用款额度必须清零。事业单位依据代理银行提供的对账单注销额度时，借记"财政应返还额度——财政授权支付"科目，贷记"零余额账户用款额度"科目；如果单位本年度财政授权支付预算指标数大于零余额账户用款额度下达数，根据两者的差额，借记"财政应返还额度——财政授权支付"科目，贷记"拨入经费"或"财政补助收入"科目。

（六）存货管理

存货是指事业单位在开展业务活动及其他活动中为耗用而储存的资产，包括材料、燃料、包装物和低值易耗品等。

存货是国际上通用的一个名称，也是我国企业财务制度中使用的一个概念。存货是流动资产的重要组成部分。现实中存货的价值往往要占事业单位流动资产价值相当大的比重，加强对存货的管理是事业单位财务管理的重要内容之一。

1. 理顺关系，建立科学的管理体制

目前大部分事业单位对存货管理普遍实行的是分类归口管理模式，这一方法有它的优点，但也有弊端。对存货管理，应实行"统一领导、统一计划、统一采购"的制度，成立以主管领导为首，各分管领导及职能部门、财务部门、监督部门参加的存货管理机构，负责存货统一管理的监督检查执行情况。在管理机构的统一领导及管理下，由财务部门、职能部门、保管人、使用部门、使用人等分工负责，形成既有分工负责，又有统一管理的管理体系。

2. 建立健全存货管理制度

从购买、验收、入库、保管、领用到转让、对外投资、盘点，都要有严格的审批制度。对一些价值较高的存货、贵重存货要专人负责并建立岗位责任制。对存货的转让、对外投资、盘点，要按照有关规定严格把关，确保存货的安全、完整。同时，还要提高存货的使用效益，科学确定存货的库存量，避免闲置、重复采购和浪费的现象。

3. 加强对存货的财务核算与管理

单位的财务部门要对存货的采购、入库、领用等情况，及时进行核算、入账；对对外投资、转让要严格把关，根据真实的情况登记入账；对盘盈盘亏的存货要查明原因，及时处理；对事业性与经营性存货要分别核算。另外，在财务制度和会计制度中应明确规定存货的计价方法，包括存货增加的计价法及存货减少的计价方法，确保核算口径一致。

4. 建立定额管理制度

为使事业单位的存货保持在一个合理的水平上，事业单位应当实行存货的定额管理，建立存货的储备定额，减少单位存货的库存费用。

材料储备资金定额＝材料每日平均耗用量×计划单价×储备日数

材料平均每日耗用量＝计划期材料耗用总量÷计划期日数

储备日数＝供应间隔日数×系数＋在途日数＋整理准备日数＋保险日数

二、事业单位流动资产核算

（一）库存现金的核算

事业单位的库存现金是指由专职出纳经管的用于日常零星开支的款项，包括人民币现金和外币现金。

1. 现金的管理要求

由于现金流动性最强，是立即可以投入流通的交换媒介，因此事业单位应当严格按照国家有关现金管理的规定收支现金。

2. 库存现金的确认和计量

库存现金应当在收到时进行确认，按照实际收到的金额进行计量入账。

3. 库存现金的科目设置

为了核算事业单位的库存现金，在资产要素类设置"库存现金"总账科目。本科目借方登记库存现金的增加数；贷方登记库存现金的减少数；期末借方余额，反映事业单位实际持有的库存现金数。

事业单位有外币现金的，应当分别按照人民币、各种外币设置"库存现金日记账"进行明细核算。有关外币现金业务的账务处理参见"银行存款"科目的相关规定。

4. 库存现金的账务处理

（1）从银行等金融机构提取现金，按照实际提取的金额，借记本科目，贷记"银行存款"等科目；将现金存入银行等金融机构，按照实际存入的金额，借记"银行存款"科目，贷记本科目。

（2）因内部职工出差等原因借出的现金，按照实际借出的现金金额，借记"其他应收款"科目，贷记本科目；出差人员报销差旅费时，按照应报销的金额，借记有关科目，按照实际借出的现金金额，贷记"其他应收款"科目，按其差额，借记或贷记本科目。

（3）因开展业务等其他事项收到现金，按照实际收到的金额，借记本科目，贷记有关科目；因购买服务或商品等其他事项支出现金，按照实际支出的金额，借记有关科目，贷记本科目。

（4）对于每日账款核对中发现现金溢余或短缺的，应当及时进行处理。如发现现金溢余，属于应支付给有关人员或单位的部分，借记本科目，贷记"其他应付款"科目；属于无法查明原因的部分，借记本科目，贷记"其他收入"科目。如发现现金短缺，属于应由责任人赔偿的部分，借记"其他应收款"科目，贷记本科目；属于无法查明原因的部分，报经批准后，借记"其他支出"科目，贷记本科目。

5. 事业单位库存现金日记账的设置

事业单位应当设置"库存现金日记账"，对库存现金进行明细核算。由出纳人员根据收付款凭证，按照业务发生顺序逐笔登记。每日终了，应当计算当日的现金收入合计数、现金支出合计数和结余数，并将结余数与实际库存数核对，做到账款相符。

现金收入业务较多、单独设有收款部门的事业单位，收款部门的收款员应当将每天所收现金连同收款凭据等一并交财务部门核收记账；或者将每天所收现金直接送存开户银行后，将收款凭据及向银行送存现金的凭证等一并交财务部门核收记账。

（二）银行存款的核算

银行存款是指事业单位存放在银行和其他金融机构的各种存款。银行存款包括人民币存款和外币存款两种。事业单位应当严格按照国家有关支付结算办法的规定办理银行存款收支业务。

1. 银行存款的确认和计量

银行存款应当在收到时进行确认，按照实际收到的金额进行计量入账。因存款产生的利息，应当在收到有关凭证证明存款增加时予以确认。

2. 银行存款的科目设置

为了核算事业单位存入银行或其他金融机构的各种存款，在资产类设置"银行存款"总账科目。本科目借方反映银行存款的增加数；贷方反映银行存款的减少数；期末借方余额，反映事业单位实际存放在银行或其他金融机构的款项。

国库集中支付制度下，财政资金全部存放在国库单一账户，事业单位自行在银行开设的银行存款账户不存放财政资金，因此"银行存款"科目，核算内容为事业单位的自筹资金收入、以前年度结余和各项往来款项等。

3. 银行存款的账务处理

（1）将款项存入银行或其他金融机构，借记本科目，贷记"库存现金""事业收入""经营收入"等有关科目。

（2）提取和支出存款时，借记有关科目，贷记本科目。

（3）事业单位发生外币业务的，应当按照业务发生当日（或当期期初，下同）的即期汇率，将外币金额折算为人民币记账，并登记外币金额和汇率。

期末，各种外币账户的外币余额应当按照期末的即期汇率折算为人民币，作为外币账户期末人民币余额。调整后的各种外币账户人民币余额与原账面人民币余额的差额，作为汇兑损益计入相关科目。

①以外币购买物资、劳务等，按照购入当日的即期汇率将支付的外币或应支付的外币折算为人民币金额，借记有关科目，贷记本科目、"应付账款"等科目。

②以外币收取相关款项等，按照收取款项或收入确认当日的即期汇率将收取的外币或应收取的外币折算为人民币金额，借记本科目、"应收账款"等科目，贷记有关科目。

③期末，根据各外币账户按期末汇率调整后的人民币余额与原账面人民币余额的差额，作为汇兑损益，借记或贷记本科目、"应收账款""应付账款"等科目，贷记或借记"事业支出""经营支出"等科目。

4. 银行存款日记账的设置

事业单位应当按开户银行或其他金融机构、存款种类及币种等，分别设置"银行存款日记账"，由出纳人员根据收付款凭证，按照业务的发生顺序逐笔登记，每日终了应结出余额。

"银行存款日记账"应定期与"银行对账单"核对，至少每月核对一次。月度终了，事业单位银行存款账面余额与银行对账单余额之间如有差额，必须逐笔查明原因并进行处理，按月编制"银行存款余额调节表"，调节相符。

上述会计事务中有关银行存款的收付业务，一方面要在"银行存款"总分类账户中进行总分类核算；另一方面要登记"银行存款日记账"进行明细分类核算。

(三) 零余额账户用款额度的核算

1. 零余额账户用款额度的概念及管理

(1) 零余额账户用款额度的概念。

零余额账户用款额度是指实行国库集中支付的事业单位根据财政部门批复的用款计划收到和支用的零余额账户用款额度。

零余额账户是指财政部门为本部门和预算单位在商业银行开设的账户，分为财政零余额账户和预算单位零余额账户。

预算单位零余额账户用于财政授权支出；财政零余额账户用于财政直接支付。

(2) 零余额账户用款额度的管理。

事业单位零余额账户每日发生的支付，于当日营业终了前由代理银行在财政部批准的用款额度内与国库单一账户清算。事业单位零余额账户可办理转账、提取现金等支付结算业务，可以向本单位按账户管理规定保留的相应账户划拨工会经费、住房公积金及提租补贴，以及经财政部批准的特殊款项，不得违反规定向本单位其他账户和上级主管单位、所属下级单位账户划拨资金。

零余额账户用款额度按月度下达，在年度内可以累加使用。年度终了，代理银行和事业单位对截至 12 月 31 日财政授权支付额度的下达、支用、余额等情况进行对账。代理银行将事业单位零余额账户财政授权支付额度余额全部注销，银行对账单作为事业单位年终零余额账户用款额度余额注销的记账凭证。下年度初，事业单位根据代理银行提供的额度恢复到账通知书作恢复额度的相关账务处理。

事业单位零余额账户只能用于办理支付业务，单位的自有收入、经营收入、往来收入等非财政性资金，不得进入本单位零余额账户。财政零余额账户不作为事业单位一项流动资产来反映。

2. 零余额账户用款额度的确认和计量

零余额账户用款额度应当在收到财政部门下达的财政授权支付额度（财政授

权支付额度到账通知书）时确认，按照财政授权支付额度到账通知书所列数额进行计量入账。

3. 零余额账户用款额度的科目设置

为了核算实行国库集中支付的事业单位根据财政部门批复的用款计划收到和支用的零余额账户用款额度，事业单位在资产类设"零余额账户用款额度"总账科目。本科目借方登记财政部门批准下达的零余额账户用款额度；贷方登记财政授权支付的支出数和提现数；期末借方余额，反映事业单位尚未支用的零余额账户用款额度。本科目年末无余额。

4. 零余额账户用款额度的账务处理

（1）在财政授权支付方式下，收到代理银行盖章的财政授权支付额度到账通知书时，根据通知书所列数额，借记本科目，贷记"财政补助收入"科目。

（2）按规定支用额度时，借记有关科目，贷记本科目。

（3）从零余额账户提取现金时，借记"库存现金"科目，贷记本科目。

（4）向按账户管理规定保留的相应账户划拨工会经费、住房公积金及提租补贴以及经财政部门批准的特殊款项时，借记"银行存款"等科目，贷记本科目。

（5）年度终了，依据代理银行提供的对账单作注销额度的相关账务处理，借记"财政应返还额度——财政授权支付"科目，贷记本科目。

事业单位本年度财政授权支付预算指标数大于零余额账户用款额度下达数的，借记"财政应返还额度——财政授权支付"科目，贷记"财政补助收入"科目。

下年初，事业单位依据代理银行提供的额度恢复到账通知书作恢复额度的相关账务处理，借记本科目，贷记"财政应返还额度——财政授权支付"科目。事业单位收到财政部门批复的上年末未下达零余额账户用款额度的，借记本科目，贷记"财政应返还额度——财政授权支付"科目。

（四）财政应返还额度的核算

1. 财政应返还额度的概念

财政应返还额度是指实行国库集中支付的事业单位应收财政返还的资金额度，一般表现为年度终了结转下年应使用的用款额度。

国库集中支付下如果预算单位在年终尚有未使用的直接支付指标数和授权支付额度数，财政部门采取先注销后恢复的办法，于当年末将这些指标收回，第二年再恢复上一年度未使用的指标和额度，于是形成预算单位对财政的一种债权。现行制度规定预算单位对这部分财政收回的额度在"财政应返还额度"科目作债权处理。

2. 财政应返还额度的确认与计量

事业单位年末国库集中支付尚未使用的资金额度，如实行财政直接支付方式，应当根据本年度财政直接支付预算指标数与财政直接支付实际支出数的差额确认；如实行财政授权支付方式，应当根据年末注销额度金额，以及单位本年度财政授权支付预算指标数和财政授权支付额度下达数的差额确认。

3. 财政应返还额度的科目设置

为了核算实行国库集中支付的事业单位应收财政返还的资金额度，事业单位在资产要素类设置"财政应返还额度"总账科目。本科目借方登记年末财政注销的应在下年返还的预算指标数和授权资金额度数；贷方登记下年财政恢复的预算指标数和授权资金额度数；期末借方余额，反映事业单位应收财政下年度返还的资金额度数。

本科目下设置"财政直接支付""财政授权支付"两个明细科目，进行明细核算。

4. 财政应返还额度的账务处理

（1）财政直接支付年终结余资金的账务处理。

年度终了，事业单位根据本年度财政直接支付预算指标数与当年财政直接支付实际支出数的差额，借记本科目（财政直接支付），贷记"财政补助收入"科目。

下年度恢复财政直接支付额度后，事业单位以财政直接支付方式发生实际支出时，借记有关科目，贷记本科目（财政直接支付）。

下年度恢复财政直接支付额度后，如果事业单位不发生实际支出，则不作账务处理。

（2）财政授权支付年终结余资金的账务处理。

年度终了，事业单位依据代理银行提供的对账单作注销额度的相关账务处理，借记本科目（财政授权支付），贷记"零余额账户用款额度"科目。事业单位本年度财政授权支付预算指标数大于零余额账户用款额度下达数的，借记本科目（财政授权支付），贷记"财政补助收入"科目。

下年初，事业单位依据代理银行提供的额度恢复到账通知书作恢复额度的相关账务处理，借记"零余额账户用款额度"科目，贷记本科目（财政授权支付）。事业单位收到财政部门批复的上年末未下达零余额账户用款额度的，借记"零余额账户用款额度"科目，贷记本科目（财政授权支付）。

（五）存货的核算

1. 存货的概念

存货是指事业单位在开展业务活动及其他活动中为耗用而储存的资产，包括各种材料、燃料、包装物和低值易耗品及达不到固定资产标准的用具、装具、动植物等。

事业单位随买随用的零星办公用品，可以在购进时直接列作支出，不属存货范围。

2. 存货的确认与计量

（1）存货的确认。

事业单位确认的存货应当同时满足以下两个条件：

第一，存货是事业单位在工作中为耗用而储存的；

第二，存货的成本能够可靠地计量。

事业单位应当对满足上述确认条件的存货，在验收合格并且入库或到达储存的指定地点时予以确认。

（2）存货的计量。

1）取得存货的计量。事业单位对取得的存货，应当按照取得时的实际成本进行计量。存货取得的成本按照如下规定确定：

①购入的存货，其成本包括购买价款、相关税费、运输费、装卸费、保险费以及其他使得存货到达目前场所和达到目前状态所发生的其他支出。

事业单位按照税法规定属于增值税一般纳税人的，其购进非自用（如用于生产对外销售的产品）材料所支付的增值税税款不计入材料成本。

②自行加工的存货，其成本包括耗用的直接材料费用、发生的直接人工费用和按照一定方法分配的、与存货加工有关的间接费用。

③接受捐赠、无偿调入的存货，其成本按照有关凭据注明的金额加上相关税费、运输费等确定；没有相关凭据的，其成本比照同类或类似存货的市场价格加上相关税费、运输费等确定；没有相关凭据、同类或类似存货的市场价格也无法可靠取得的，该存货按照名义金额（即人民币1元，下同）入账。相关财务制度仅要求进行实物管理的除外。

2）发出存货的计量。存货在发出时，应当根据实际情况采用先进先出法、加权平均法或者个别计价法确定发出存货的实际成本。计价方法一经确定，不得随意变更。低值易耗品的成本于领用时一次摊销。

3）存货盘盈的计量。盘盈的存货，按照同类或类似存货的实际成本或市场价格确定入账价值；同类或类似存货的实际成本、市场价格均无法可靠取得的，按照名义金额入账。

4）存货盘亏或者毁损、报废的计量。盘亏或者毁损、报废的存货，转入待处置资产时，按照待处置存货的账面余额记账。

3. 存货的科目设置

为了核算事业单位在开展业务活动及其他活动中为耗用而储存的各种材料、燃料、包装物、低值易耗品及达不到固定资产标准的用具、装具、动植物等的实际成本，在资产要素类设置"存货"总账科目。本科目借方登记存货的增加数；贷方登记存货的减少数；期末借方余额，反映事业单位存货的实际成本。

本科目应当按照存货的种类、规格和保管地点等进行明细核算。

事业单位应当设置存货备查簿，在取得存货时登记存货的资金来源。

事业单位应当通过明细核算或辅助登记方式，登记取得存货成本的资金来源（区分财政补助资金、非财政专项资金和其他资金）。

发生自行加工存货业务的事业单位，应当在本科目下设置"生产成本"明细科目，归集核算自行加工存货所发生的实际成本（包括耗用的直接材料费用、发生的直接人工费用和分配的间接费用）。

事业单位随买随用的零星办公用品，可以在购进时直接列作支出，不通过本科目核算。

4. 存货的账务处理

（1）购入的存货。

购入的存货验收入库，按确定的成本，借记本科目，贷记"银行存款""应付账款""财政补助收入""零余额账户用款额度"等科目。

属于增值税一般纳税人的事业单位购入非自用材料的，按确定的成本（不含增值税进项税额），借记本科目，按增值税专用发票上注明的增值税税额，借记"应缴税费——应缴增值税（进项税额）"科目，按实际支付或应付的金额，贷记"银行存款""应付账款"等科目。

（2）自行加工的存货。

自行加工的存货在加工过程中发生各种费用时，借记本科目（生产成本），贷记本科目（领用材料相关的明细科目）、"应付职工薪酬""银行存款"等科目。

加工完成的存货验收入库，按照所发生的实际成本，借记本科目（相关明细科目），贷记本科目（生产成本）。

（3）接受捐赠、无偿调入的存货。

接受捐赠、无偿调入的存货验收入库，按照确定的成本，借记本科目，按照发生的相关税费、运输费等，贷记"银行存款"等科目，按照其差额，贷记"其他收入"科目。

按照名义金额入账的情况下，按照名义金额，借记本科目，贷记"其他收入"科目；按照发生的相关税费、运输费等，借记"其他支出"科目，贷记"银行存款"等科目。

（4）领用出库的存货。

开展业务活动等领用、发出存货，按领用、发出存货的实际成本，借记"事业支出""经营支出"等科目，贷记本科目。

（5）对外捐赠、无偿调出的存货。

对外捐赠、无偿调出存货，转入待处置资产时，按照存货的账面余额，借记"待处置资产损益"科目，贷记本科目。

属于增值税一般纳税人的事业单位对外捐赠、无偿调出购进的非自用材料，转入待处置资产时，按照存货的账面余额与相关增值税进项税额转出金额的合计金额，借记"待处置资产损益"科目，按存货的账面余额，贷记本科目，按转出的增值税进项税额，贷记"应缴税费——应缴增值税（进项税额转出）"科目。

实际捐出、调出存货时，按照"待处置资产损益"科目的相应余额，借记"其他支出"科目，贷记"待处置资产损益"科目。

（6）盘盈、盘亏的存货。

事业单位的存货应当定期进行清查盘点，每年至少盘点一次。对于发生的存货盘盈、盘亏或者报废、毁损，应当及时查明原因，按规定报经批准后进行账务处理。

1）盘盈的存货，按照确定的入账价值，借记本科目，贷记"其他收入"科目。

2）盘亏或者毁损、报废的存货，转入待处置资产时，按照待处置存货的账面余额，借记"待处置资产损益"科目，贷记本科目。

属于增值税一般纳税人的事业单位购进的非自用材料发生盘亏或者毁损、报废的，转入待处置资产时，按照存货的账面余额与相关增值税进项税额转出金额的合计金额，借记"待处置资产损益"科目，按存货的账面余额，贷记本科目，按转出的增值税进项税额，贷记"应缴税费——应缴增值税（进项税额转出）"科目。

报经批准予以处置时，按照"待处置资产损益"科目的相应余额，借记"其他支出"科目，贷记"待处置资产损益"科目。

处置存货过程中所取得的收入、发生的费用，以及处置收入扣除相关处置费用后的净收入的账务处理，参见"待处置资产损益"科目。

（六）应收票据的核算

1. 应收票据的概念

应收票据指事业单位因开展经营活动销售产品、提供有偿服务收到的商业汇票。所谓商业汇票，是指由收款人（或付款人）签发，由承兑人（付款人或付款人的委托银行）承兑，并于到期日向收款人（或背书人）支付款项的票据。

商业汇票的付款期限在我国最长不超过 6 个月。

2. 商业汇票的分类

（1）按承兑人不同，分为商业承兑汇票和银行承兑汇票两种。商业承兑汇票由银行以外的付款人承兑（付款人为承兑人），银行承兑汇票由银行承兑。

（2）按是否带息，分为不带息商业汇票（又称为不带息票据）和带息商业汇票（又称为带息票据）两种。不带息票据是指到期时根据票据面值收取款项的商业汇票。带息票据是指到期时根据票据面值和利息率收取本息的商业汇票。对于带息票据，应计算票据利息，其计算公式是：

应收票据利息＝应收票据票面金额×日（月）利率×票据到期天（月）数

3. 票据贴现

票据贴现是持票人在需要资金时，将其收到的未到期承兑汇票，经过背书转让给银行，先向银行贴付利息，银行以票面余额扣除贴现利息后的票款付给收款人，汇票到期时，银行凭票向承兑人收取现款。就客户而言，贴现即贴息取现。一般地讲，用于贴现的商业汇票主要包括商业承兑汇票和银行承兑汇票两种。

应收票据在到期前可以向银行申请贴现。应收票据的贴现要计算贴现息和贴现净额（或称贴现实收金额）。其计算公式为：

票据到期值＝票据面值＋票据利息

贴现息＝票据到期值×贴现率×贴现期

贴现净额＝票据到期值－贴现息

4. 应收票据的确认与计量

按现行制度规定，事业单位收到商业汇票，无论是否带息，均按应收票据的票面价值入账。

5. 应收票据的科目设置

为了核算事业单位因开展经营活动销售产品、提供有偿服务等而收到的商业汇票，在资产要素类设置"应收票据"总账科目。本科目借方反映事业单位收到商业票据的票面金额；贷方反映应收票据到期收回的票面金额；期末借方余额，反映事业单位持有的商业汇票票面金额。

本科目应当按照开出、承兑商业汇票的单位等进行明细核算。

事业单位应当设置"应收票据备查簿"，逐笔登记每一应收票据的种类、号数、出票日期、到期日、票面金额、交易合同号和付款人、承兑人、背书人姓名或单位名称、背书转让日、贴现日期、贴现率和贴现净额、收款日期、收回金额和退票情况等资料。应收票据到期结清票款或退票后，应当在备查簿内逐笔注销。

6. 应收票据的账务处理

（1）因销售产品、提供服务等收到商业汇票，按照商业汇票的票面金额，借记本科目，按照确认的收入金额，贷记"经营收入"等科目，按照应缴增值税金额，贷记"应缴税费——应缴增值税"科目。

（2）持有未到期的商业汇票向银行贴现，按照实际收到的金额（即扣除贴现息后的净额），借记"银行存款"等科目，按照贴现息，借记"经营支出（利息支出）"科目，按照商业汇票的票面金额，贷记本科目（若银行无追索权）或"短期借款"科目（若银行有追索权）

应收票据到期时，因付款人无力支付票款，按照应收票据的账面余额，转入"应收账款"科目处理。

如果实收金额小于票面金额，其差额作为利息费用处理，记入"经营支出——利息支出"科目。

（3）将持有的商业汇票背书转让以取得所需物资时，按照取得物资的成本，借记有关科目，按照商业汇票的票面金额，贷记本科目，如有差额，借记或贷记"银行存款"等科目。

（4）商业汇票到期时，应当区分情况处理：

①收回应收票据，按照实际收到的商业汇票的票面金额，借记"银行存款"科目，贷记本科目等。

②因付款人无力支付票款，或到期不能收回应收票据，收到银行退回的商业承兑汇票、委托收款凭证、未付票款通知书或拒付款证明等，按照商业汇票的票面金额，借记"应收账款"科目，贷记本科目。

(七) 应收账款的核算

1. 应收账款的概念

应收账款是指事业单位因开展经营活动销售产品、提供有偿劳务等而形成的应收未收款项。会计上的应收账款有其特定的范围。

(1) 应收账款只反映销售产品或提供有偿劳务等形成的债权，主要包括事业单位因销售产品或提供有偿劳务等应向债务人收取的款项及代购货单位垫付的运杂费等。

(2) 应收账款是流动资产性质的债权，其回收期通常不应超过一年或超过一年的一个营业周期。

2. 应收账款的确认与计量

应收账款因开展经营活动销售产品、提供有偿劳务等而产生，因此应收账款应与销售收入同步确认。只有当产品销售收入或提供有偿劳务收入等的确认条件成立而货款尚未收取时，才能确认为应收账款。

应收账款通常按实际发生额入账，即收付款双方成交的价款，主要包括产品或劳务的售价、增值税税款及因销售产品为购买方垫付的运杂费等。

3. 应收账款科目设置

为了核算事业单位因开展经营活动销售产品、提供有偿劳务等而形成的应收未收款项，在资产要素类设置"应收账款"总账科目。本科目借方登记应收账款发生的增加数；贷方登记应收账款发生的减少数，即已收回的应收账款和已转作商业汇票结算方式的款项；期末借方余额，反映事业单位尚未收回的应收账款。

本科目应当按照对方单位（或个人）进行明细核算。

4. 应收账款的账务处理

(1) 发生应收账款时，按照应收未收金额，借记本科目，按照确认的收入金额，贷记"经营收入"等科目，按照应缴增值税金额，贷记"应缴税费——应缴增值税"科目。

(2) 收回应收账款时，按照实际收到的金额，借记"银行存款"等科目，贷记本科目。

（3）逾期 3 年或以上、有确凿证据表明确实无法收回的应收账款，按规定报经批准后予以核销。核销的应收账款应在备查簿中保留登记。

①转入待处置资产时，按照待核销的应收账款金额，借记"待处置资产损益"科目，贷记本科目。

②报经批准予以核销时，借记"其他支出"科目，贷记"待处置资产损益"科目。

③已核销应收账款在以后期间收回的，按照实际收回的金额，借记"银行存款"科目，贷记"其他收入"科目。

（八）预付账款的核算

1. 预付账款的概念

预付账款是指事业单位按照购货、劳务合同的规定，预付给供应单位的款项。

2. 预付账款的确认与计量

预付账款应当在已经支付款项且尚未收到所购物资或劳务时确认，按照实际支付的金额进行计量入账。

3. 预付账款的科目设置

为了核算事业单位按合同规定预付的款项，在资产要素类设置"预付账款"总账科目。本科目借方登记单位预付的款项；贷方登记收到所购物资或劳务的结算；期末借方余额，反映事业单位实际预付但尚未结算的款项。

本科目应当按照供应单位（或个人）进行明细核算。

4. 预付账款的账务处理

（1）发生预付账款时，按照实际预付的金额，借记本科目，贷记"财政补助收入""零余额账户用款额度""银行存款"等科目。

（2）收到所购物资或劳务，按照购入物资或劳务的成本，借记有关科目，按照相应预付账款金额，贷记本科目，按照补付的款项，贷记"银行存款"等科目。

（3）预付账款的核销。逾期 3 年或以上、有确凿证据表明因供货单位破产、撤销等原因已无望再收到所购物资或劳务，且确实无法收回的预付账款，按规定报经批准后予以核销。核销的预付账款应在备查簿中保留登记。

①转入待处置资产时，按照待核销的预付账款金额，借记"待处置资产损益"科目，贷记本科目。

②报经批准予以核销时，借记"其他支出"科目，贷记"待处置资产损益"科目。

③已核销预付账款在以后期间收回的，按照实际收回的金额，借记"银行存款"等科目，贷记"其他收入"科目。

（九）其他应收款的核算

1. 其他应收款的概念

其他应收款是指事业单位除财政应返还额度、应收票据、应收账款、预付账款以外的其他各项应收及暂付款项，如职工预借的差旅费、拨付给内部有关部门的备用金、应向职工收取的各种垫付款项等。

2. 其他应收款的确认与计量

其他应收款应当在事业单位实际支付时确认，按照实际发生的金额入账。

3. 其他应收款的科目设置

为了核算事业单位除财政应返还额度、应收票据、应收账款、预付账款以外的其他各项应收及暂付款项，在资产要素类设置"其他应收款"总账科目。本科目借方登记发生的各种其他应收款项的增加数；贷方登记收回的各种其他应收款项及结转数；期末借方余额，反映事业单位尚未收回的其他应收款。

本科目应当按照其他应收款的类别以及债务单位（或个人）进行明细核算。

4. 其他应收款的账务处理

（1）发生其他各种应收及暂付款项时，借记本科目，贷记"银行存款""库存现金"等科目。

（2）收回或转销上述款项时，借记"库存现金""银行存款"等科目，贷记本科目。

（3）事业单位内部备用金的核算。事业单位内部实行备用金制度的，有关部门使用备用金以后应当及时到财务部门报销并补足备用金。财务部门核定并领用备用金时，借记本科目，贷记"库存现金"等科目。根据报销数用现金补足备用金定额时，借记有关科目，贷记"库存现金"等科目，报销数和拨补数都不再通过本科目核算。

（4）其他应收款的核销。逾期 3 年或以上、有确凿证据表明确实无法收回的其他应收款，按规定报经批准后予以核销。核销的其他应收款应在备查簿中保留登记。

①转入待处置资产时，按照待核销的其他应收款金额，借记"待处置资产损益"科目，贷记本科目。

②报经批准予以核销时，借记"其他支出"科目，贷记"待处置资产损益"科目。

③已核销其他应收款在以后期间收回的，按照实际收回的金额，借记"银行存款"等科目，贷记"其他收入"科目。

（十）短期投资的核算

1. 短期投资的概念

短期投资是指事业单位依法取得的，持有时间不超过 1 年（含 1 年）的投资，主要是国债投资。其特点是持有时间短且很容易变现，属于流动资产。

2. 短期投资的确认与计量

短期投资应当在事业单位款项实际支付时确认，按照实际发生的金额进行计量入账。

3. 短期投资的科目设置

为了核算事业单位依法取得的，持有时间不超过 1 年（含 1 年）的投资，在资产要素类设置"短期投资"总账科目。本科目借方登记取得的短期投资增加数；贷方登记短期投资的收回、核销等减少数；期末借方余额，反映事业单位持有的短期投资成本。

本科目应当按照国债投资的种类等进行明细核算。

4. 短期投资的主要账务处理

（1）短期投资在取得时，应当将其实际成本（包括购买价款以及税金、手续费等相关税费）作为投资成本，借记本科目，贷记"银行存款"等科目。

（2）短期投资持有期间收到利息时，按实际收到的金额，借记"银行存款"科目，贷记"其他收入——投资收益"科目。

（3）出售短期投资或到期收回短期国债本息，按照实际收到的金额，借记"银行存款"科目，按照出售或收回短期国债的成本，贷记本科目，按其差额，贷记或借记"其他收入——投资收益"科目。

第四节 事业单位无形资产管理与核算

一、事业单位无形资产管理

（一）事业单位无形资产的含义与特征

1. 事业单位无形资产的含义

事业单位无形资产是指持有的没有实物形态的、可辨认非货币性资产，包括专利权、商标权、著作权、土地使用权、非专利技术等。

2. 无形资产的特征

无形资产在使用和形成过程中，具有不同于有形资产的特征如下。

（1）非实体性。

一方面，无形资产没有人们感官可感触的物质形态，只能从观念上感觉它。它或者表现为人们心目中的一种形象，或者以特许权形式表现为社会关系范畴。另一方面，它在使用过程中没有有形损耗，报废时也无残值。

（2）垄断性。

无形资产的垄断性表现在以下几个方面：有些无形资产在法律制度的保护下，禁止非持有人无偿地取得；排斥他人的非法竞争，如专利权、商标权等；有些无形资产的独占权虽不受法律保护，但只要能确保秘密不泄露于外界，实际上也能独占，如专有技术、秘诀等；还有些无形资产不能与单位整体分离，除非整个单位产权转让，否则别人无法获得，如商业信誉。

（3）不确定性。

无形资产的有效期受技术进步和市场变化的影响，很难予以确定。

（4）共享性。

共享性是指无形资产有偿转让后，可以由几个主体同时共有，而固定资产和流动资产不可能同时在两个或两个以上的单位中使用，例如，商标权受让企业可以使用，同时出让企业也可以使用。

（5）高效性。

无形资产能给企事业单位带来远远高于其成本的经济效益。一个单位无形资产越丰富，其获利能力越强；反之，无形资产短缺，获利能力就弱，市场竞争力也就差。

（二）无形资产的内容

1. 专利权

我国的专利法规定，专利权分为发明专利和实用新型及外观设计专利两种，自申请日起计算，发明专利权的期限为 20 年，实用新型及外观设计专利权的期限为 10 年。发明者取得专利权后，在有效期限内享有专利的独占权。

2. 非专利技术

非专利技术没有法律上的有效年限，只有经济上的有效年限。

3. 商标权

商标是用来辨认特定商品和劳务的标记，代表着企业的一种信誉，从而具有相应的经济价值。我国商标法规定，注册商标的有效期限为 10 年，期满可依法延长。

4. 著作权

著作权又称版权，指作者对其创作的文学、科学和艺术作品依法享有的某些特殊权利。著作权包括两方面的权利，即精神权利（人身权利）和经济权利（财产权利）。前者指作品署名、发表作品、确认作者身份、保护作品的完整性、修改已经发表的作品等权利，包括发表权、署名权、修改权和保护作品完整权；后者指以出版、表演、广播、展览、录制唱片、摄制影片等方式使用作品以及因授权他人使用作品而获得经济利益的权利。

5. 土地使用权

土地使用权是单位按照法律规定所取得的在一定时期内对国有土地进行开发、利用和经营的权利。

6. 商誉

商誉是指能在未来期间为企业经营带来超额利润的潜在经济价值，或一家企业预期的获利能力超过可辨认资产正常获利能力（如社会平均投资回报率）的资本化价值。商誉是单位整体价值的组成部分。

7. 特许权

特许权又称特许经营权、专营权，是指企业在某一地区经营或销售某种特定商品的权利或是一家企业接受另一家企业使用其商标、商号、秘密技术等权利。

（三）无形资产管理的内容

无形资产管理的内容广泛而又丰富，从无形资产要素角度讲，无形资产管理包括厂商名称管理、专利权管理、商标权管理、技术（经营）秘密管理、域名管理等；从无形资产形成的角度讲，包括无形资产开发设计阶段管理、申请权益阶段管理、权益维护管理、应用管理等。

实施无形资产管理应从三个方面入手。

1. 设置无形资产管理部门，配备专门的无形资产管理人员

一般来讲，应设置专门的无形资产管理部门，配备专门的无形资产管理人员对单位的无形资产进行综合、全面、系统的管理。无形资产管理部门的主要职能包括：对所有无形资产的开发、引进、投资进行总的控制；就无形资产在生产经营管理中实施应用的客观要求，协调事业单位内部其他各有关职能部门的关系；协调与事业单位外部国家有关专业管理机构的关系；协调事业单位与其他企业的关系；维护事业单位无形资产资源安全完整；考核无形资产的投入产出状况和经济效益情况。

2. 设计专门的无形资产管理制度

设计专门的无形资产管理制度包括无形资产开发方面的管理制度，无形资产权益（权益取得、维护、保护）方面的管理制度，无形资产对外许可、转让、合作管理制度，无形资产档案管理制度，无形资产奖惩管理制度，无形资产投入产出考核制度，无形资产融资管理制度，无形资产评估管理制度，无形资产监控制度，无形资产审计管理制度，无形资产国际权益管理制度，无形资产投资管理制度。它涉及技术开发管理、市场营销、工商管理、财务管理（含会计核算）、对外经济技术合作、情报信息管理、质量管理等若干领域。

3. 使用专门的无形资产管理工具

可以采用现代无形资产信息系统，将无形资产的管理、监控与经营业绩的考核结合起来，为各类企事业单位无形资产管理提供一个科学的模式。

二、事业单位无形资产核算

事业单位应设置"无形资产"和"累计摊销"科目，前者用于核算事业单位的专利权、非专利技术、著作权、商标权、土地使用权等各种无形资产的原价；后者用于核算事业单位无形资产计提的累计摊销。

"无形资产"属于资产类科目，借方登记取得无形资产的成本，贷方登记处置无形资产的成本，期末余额在借方，反映事业单位无形资产的原价。"累计摊销"属于资产备抵类科目，贷记登记计提的无形资产的摊销额，借方登记因处置无形资产而转销的摊销额。期末余额在贷方，反映事业单位计提的无形资产摊销累计数。"无形资产"及"累计摊销"科目都应按无形资产的类别、项目等设置明细科目，进行明细核算。

（一）无形资产的取得

无形资产在取得时，应按照其实际成本入账，即以取得无形资产并使之达到预定用途而发生的全部支出作为无形资产的成本。

1. 外购无形资产

外购的无形资产，其成本包括实际支付的购买价款、相关税费及可归属于该项资产达到预定用途所发生的其他支出。事业单位购入无形资产，按照确定的无形资产成本，借记"无形资产"科目，贷记"非流动资产基金——无形资产"科目，同时，按照实际支付的金额，借记"事业支出"等科目，贷记"财政补助收入""零余额账户用款额度""银行存款"等科目。

2. 委托软件公司开发软件视同外购无形资产进行处理

支付软件开发费时，按照实际支付的金额，借记"事业支出"等科目，贷记"财政补助收入""零余额账户用款额度""银行存款"等科目。软件开发完成交付使用时，按照软件开发费总额，借记"无形资产"科目，贷记"非流动资产基金——无形资产"科目。

3. 自行开发无形资产

自行开发并按法律程序申请取得的无形资产，按照依法取得时发生的注册费、聘请律师费等费用，借记"无形资产"科目，贷记"非流动资产基金——无形资产"科目；同时，借记"事业支出"等科目，贷记"财政补助收入""零余额账户用款额度""银行存款"等科目。

事业单位依法取得无形资产前所发生的研究开发支出，应于发生时直接计入当期支出，借记"事业支出"等科目，贷记"银行存款"等科目。

4. 接受捐赠、无偿调入无形资产

事业单位接受捐赠、无偿调入的无形资产，其成本按照有关凭据注明的金额加上相关税费等确定；没有相关凭据的，其成本比照同类或类似无形资产的市场价格加上相关税费等确定；没有相关凭据、同类或类似无形资产的市场价格也无法可靠取得的，该资产按照名义金额入账。

接受捐赠、无偿调入的无形资产，按照确定的无形资产成本，借记"无形资产"科目，贷记"非流动资产基金——无形资产"科目；按照发生的相关税费等，借记"其他支出"科目，贷记"银行存款"等科目。

(二) 无形资产的摊销

摊销是指在无形资产使用寿命期内，按照确定的方法对应摊销金额进行系统分摊。事业单位无形资产的应摊销额为其成本。因发生后续支出而增加无形资产成本的，应按照重新确定的无形资产成本，重新计算摊销额。事业单位应当自无形资产取得当月起，采用年限平均法，按月计提无形资产摊销。

对于事业单位无形资产摊销，法律规定了有效年限的，按照法律规定的有效年限作为摊销年限；法律没有规定有效年限的，按照相关合同或单位申请书中的受益年限作为摊销年限；法律没有规定有效年限、相关合同或单位申请书也没有规定受益年限的，按照不少于 10 年的期限摊销。

按月计提无形资产摊销，按照应计提摊销金额，借记"非流动资产基金——无形资产"科目，贷记"累计摊销"科目。

（三）无形资产的后续支出

1. 无形资产的后续开发

为增加无形资产的使用效能而发生的后续支出，如对软件进行升级改造或扩展其功能等所发生的支出，应当计入无形资产的成本，借记"无形资产"科目，贷记"非流动资产基金——无形资产"科目；同时，借记"事业支出"等科目，贷记"财政补助收入""零余额账户用款额度""银行存款"等科目。

2. 无形资产的维护

为维护无形资产的正常使用而发生的后续支出，如对软件进行漏洞修补、技术维护等所发生的支出，应计入当期支出但不计入无形资产的成本，借记"事业支出"等科目，贷记"财政补助收入""零余额账户用款额度""银行存款"等科目。

（四）无形资产的处置

1. 转让、无偿调出、对外捐赠无形资产

报经批准转让、无偿调出、对外捐赠的无形资产，转入待处置资产时，按照待处置无形资产的账面价值，借记"待处置资产损益"科目，按照已计提摊销，借记"累计摊销"科目，按照无形资产的账面余额，贷记"无形资产"科目。

实际转让、调出、捐出时，按照处置无形资产对应的非流动资产基金，借记"非流动资产基金——无形资产"科目，贷记"待处置资产损益"科目。

转让无形资产过程中取得价款、发生相关税费，以及出售价款扣除相关税费

后的净收入的处理，参见"待处置资产损益"科目。

2. 以无形资产对外投资

以已入账的无形资产对外投资，按照评估价值加上相关税费作为投资成本，借记"长期投资"科目，贷记"非流动资产基金——长期投资"科目，按发生的相关税费，借记"其他支出"科目，贷记"银行存款""应缴税费"等科目；同时，按照投出无形资产对应的非流动资产基金，借记"非流动资产基金——无形资产"科目，按照投出无形资产已计提摊销，借记"累计摊销"科目，按投出无形资产的账面余额，贷记"无形资产"科目。

3. 核销无形资产

无形资产预期不能为事业单位带来服务潜力或经济利益的，应当按照规定报经批准后将该无形资产账面价值予以核销。

转入待处置资产时，按照待核销无形资产的账面价值，借记"待处置资产损益"科目，按照已计提摊销，借记"累计摊销"科目，按照无形资产的账面余额，贷记"无形资产"科目。经批准予以核销时，按照核销无形资产对应的非流动资产基金，借记"非流动资产基金——无形资产"科目，贷记"待处置资产损益"科目。

无形资产主要经济业务会计核算情况如表4-1所示。

表4-1　无形资产主要经济业务会计核算情况

经济业务	会计核算	
外购无形资产、委托软件公司开发软件	借：事业支出等 　　贷：财政补助收入等	借：无形资产 　　贷：非流动资产基金——无形资产
自行开发取得无形资产，发生注册费等	借：事业支出等 　　贷：财政补助收入等	借：无形资产 　　贷：非流动资产基金　　无形资产
自行开发取得无形资产前的研发支出	借：事业支出等 　　贷：财政补助收入、零余额账户用款额度、银行存款等	

经济业务	会计核算	
接受捐赠、无偿调入的无形资产	借：无形资产 　　贷：非流动资产基金 　　　　——无形资产	借：其他支出 　　贷：银行存款等
按月计提无形资产摊销	借：非流动资产基金——无形资产 　　贷：累计摊销	
无形资产的后续开发	借：事业支出等 　　贷：财政补助收入等	借：无形资产 　　贷：非流动资产基金——无形资产
无形资产的日常维护	借：事业支出等 　　贷：财政补助收入、零余额账户用款额度、银行存款等	
转让、无偿调出、对外捐赠无形资产	借：待处置资产损益 　　　累计摊销 　　贷：无形资产	借：非流动资产基金——无形资产 　　贷：待处置资产损益

第五章　政府会计制度下事业单位负债管理与核算

第一节　事业单位负债概述

一、事业单位负债的概念

负债是指事业单位所承担的能以货币计量，需要以资产或者劳务偿还的债务。这种债务是由过去或现在已发生的经济业务引起的，需要事业单位在将来以支付现金、银行存款、其他资产或者提供劳务等形式来抵偿的一切经济负担。

事业单位的或有负债不作为事业单位负债予以列报，但要在报表附注中予以说明。

二、事业单位负债的分类

事业单位的负债按照流动性，分为流动负债和非流动负债。流动负债是指预计在 1 年内（含 1 年）偿还的负债；非流动负债是指流动负债以外的负债。

（一）流动负债

事业单位的流动负债包括短期借款、应付及预收款项、应付职工薪酬、应缴款项等。

短期借款是指事业单位借入的期限在 1 年内（含 1 年）的各种借款。

应付及预收款项是指事业单位在开展业务活动中发生的各种债务，包括应付票据、应付账款、其他应付款等应付款项和预收账款。

应付职工薪酬是指事业单位应付未付的职工工资、津贴补贴等。

应缴款项是指事业单位应缴未缴的各种款项，包括应当上缴国库或者财政专户的款项、应缴税费，以及其他按照国家有关规定应当上缴的款项。

（二）非流动负债

事业单位的非流动负债包括长期借款、长期应付款等。

长期借款是指事业单位借入的期限超过1年（不含1年）的各种借款。

长期应付款是指事业单位发生的偿还期限超过1年（不含1年）的应付款项，主要指事业单位融资租入固定资产发生的应付租赁款。

如果某项负债应当在1年内偿还，但因故在1年内没有偿还，只要没有改变要求偿还的期限，那么这项负债仍属于流动负债。随着时间的推移，如果非流动负债中有部分或全部将于1年内到期，那么这些将于1年内到期的非流动负债在报告日应当报告为流动负债。

三、负债的确认和计量

（一）负债的确认

事业单位负债同时满足以下条件，才能被确认为负债：

（1）符合负债的定义。

（2）偿债的金额能够可靠地计量。

事业单位应当在承担确定的偿债责任时确认相应的负债。

值得注意的是，符合负债定义并确认的负债项目，应当列入事业单位资产负债表；事业单位承担的或有负债，不列入资产负债表，但应当在报表附注中披露。如果事业单位承担了将来要履行支付的义务，但未能确定需要支付的金额，不能确认为负债。

（二）负债的计量

事业单位的负债应当按照合同金额或实际发生额进行计量。

事业单位应当对不同性质的负债分类管理，及时清理并按照规定办理结算，保证各项负债在规定期限内归还。事业单位应当建立健全财务风险控制机制，加强借入款项管理，严格执行审批程序，不得违反规定举借债务和提供担保。

第二节 事业单位应缴款项的管理与核算

一、事业单位应缴款项的管理与核算

应缴款项是指事业单位应缴未缴的各种款项,包括应当上缴国库或者财政专户的款项、应缴税费,以及其他按照国家有关规定应当上缴的款项。

(一)应缴款项的管理

1. 应缴国库款的管理

应缴国库款是事业单位按规定应缴入国家预算的收入。事业单位的应缴国库款,主要包括以下六项。

(1)事业单位代收的纳入预算管理的基金。

(2)行政性收费收入,指公安、司法、民政、工商行政管理等部门所发各种证照、簿册,向有关个人和单位收取的工本费和手续费、商标注册费、企业登记费、公证费等。

(3)罚没收入,指行政、工商、公安、司法、海关,税务等部门依法处理的罚没收入和没收物品的变价收入等。

(4)无主财物变价收入。

(5)追回的赃款、赃物变价收入。

(6)其他按预算管理规定应上缴预算的款项。

应缴国库款属于国家财政性资金,事业单位应依法积极组织,并按时足额上缴,不得列入暂存不缴,不得挪用,不得误入非税资金"财政专户",也不得以任何借口截留、坐支。各单位收到的应缴国库款应及时存入银行存款账户,并逐级上缴。应缴国库款原则上按月清缴,年终必须将当年的应缴国库款全部清缴入库。

2. 应缴财政专户款的管理

应缴财政专户款是指事业单位按规定代收的应上缴财政专户的预算外资金。

预算外资金是指国家机关、事业单位和社会团体为履行或代行政府职能，依据国家法律、法规和具有法律效力的规章而收取，提取和安排使用未纳入国家预算管理的各种财政性资金。事业单位上缴财政性专户的预算外资金的范围应当按照财政部的有关规定办理。

预算外资金是国家财政资金，不是部门和单位的自有资金，必须纳入财政管理。财政部门在银行开设统一的专户，用于预算外资金收入和支出的管理。部门和单位取得的预算外资金必须上缴同级财政专户，支出由同级财政按预算外资金收支计划和单位的财务收支计划统筹安排，从财政专户拨付，实行收支两条线管理。

事业单位应缴财政专户款的上缴办法有以下三种：

（1）全额上缴。即事业单位收到预算外资金时，全额上缴财政专户，支出由财政另行核拨的办法。

（2）结余上缴。即事业单位按财政部门核定的预算外资金收支结余数额，将预算外资金上缴财政专户的办法。

（3）比例上缴。即事业单位在收到预算外资金时，按财政部门核定的比例将部分预算外资金上缴财政专户的办法。

事业单位应上缴财政专户的预算外资金，必须按财政部门规定的时间及时缴入财政部门在银行开设的预算外资金专户，不得拖欠、截留和坐收坐支。逾期未缴的，由银行从单位的资金账户中直接划入财政专户。

3. 应缴税费的管理

应缴税费是指事业单位按税法规定应缴纳的各种税金，主要包括：属于一般纳税人的事业单位应缴的增值税，事业单位提供劳务或销售产品应缴纳的税金（包括增值税、城市维护建设税、教育费附加、车船税、资源税等），有所得税业务的事业单位应缴纳的所得税等。应缴税费在上缴前暂时停留在事业单位中，形成一笔短期负债；上缴后，在一定期限内还要同国家进行清算，多缴的退回，少缴的要补交。事业单位要按规定及时足额地上缴各种税金，以维护国家利益。

（二）应缴款项的管理要求

1. 要区分应缴款项与收入和暂存款的界限

要正确区分应缴款项与单位收入的界限。收入是单位依法取得的非偿还性资金，单位具有其归属权，而应缴款项属于国家所有；要区分应缴款项与暂存款的界限。应缴款项是由国家强制要求上缴的款项，属于政府行为的结果，而暂存款项则是结算中发生的往来款项，属于市场行为的结果。应缴款项不得在暂存款中挂账。

2. 应缴款必须依法取得

事业单位在取得应缴财政预算款与应缴财政专户款时，必须严格按国家规定的收费项目、收费范围、收费标准和收费票据进行合法收费，绝不能凭借行政权力自行确立收费项目和收费标准，滥收费、乱收费。

3. 实行收支两条线管理

事业单位在收到应缴款项时，不得自行安排支出。收到的各种应缴款项，必须严格按照程序规定将其上缴财政，由财政统一安排拨付各单位。各单位只有收到财政拨付的款项时才能使用。

4. 应缴款项的收取应当使用合法票据

公共组织收取各种应缴款项时使用的票据种类、使用范围、票据的管理和稽查，都必须严格遵循财政部有关规定，以保证公共组织收费的合法性。

5. 及时、足额缴库

应缴款项属于国家财政资金，各单位无权使用。单位在取得应缴款项后，不得挪用，更不得以任何借口截留应缴款，所有应缴财政预算款与应缴财政专户款都必须按规定及时、足额地上缴财政。

6. 建立健全内部管理制度

事业单位的应缴财政预算款与财政专户款必须由单位财务部门统一管理，并建立健全相关的内部管理制度，包括：收、罚款票据的领取、使用、缴销、保管；收、罚款的会计核算制度；内部监督、检查制度等。不能账外设账，私设"小金库"。

7. 区分直接缴库和集中缴库

只有在集中缴库时，事业单位才可能产生应缴款项。直接缴库方式下，事业单位不接触收缴的资金，因此不会产生应缴款项。

二、事业单位应缴款项的核算

应缴款项是指事业单位应缴未缴的各种款项，包括应当上缴国库或者财政专户的款项、应缴税费，以及其他按照国家有关规定应当上缴的款项。

（一）应缴国库款的核算

1. 应缴国库款的确认和计量

应缴国库款应当在事业单位收到应上缴的款项时确认；按照实际收到的应缴国库的款项金额进行计量入账。

2. 应缴国库款的科目设置

为了核算事业单位按规定应缴入国库的款项（应缴税费除外），在负债要素类设置"应缴国库款"总账科目。本科目贷方登记取得的应缴入国库的各种款项；借方登记实际上缴数；期末贷方余额，反映事业单位应缴入国库但尚未缴纳的款项。

本科目应当按照应缴国库款项的类别进行明细核算。

事业单位的行政事业性收费、罚没款项等已实行国库集中收缴的，采取直接缴库方式的，款项由缴款人直接缴给财政部门。在此情况下，事业单位不必进行应缴国库款的账务处理。

3. 应缴国库款的主要账务处理

（1）按规定计算确定或实际取得应缴国库的款项时，借记有关科目，贷记本科目。

（2）事业单位处置资产取得的应上缴国库的处置净收入的账务处理，参见"待处置资产损益"科目。

（3）上缴款项时，借记本科目，贷记"银行存款"等科目。

（二）应缴财政专户款的核算

1. 应缴财政专户款的确认和计量

应缴财政专户款应当在事业单位收到应上缴的款项时确认；按照实际收到的

应缴财政专户款的金额进行计量入账。

2. 应缴财政专户款的科目设置

为了核算事业单位按规定应缴入财政专户的款项，在负债要素类设置"应缴财政专户款"总账科目。本科目贷方登记收到的应上缴财政专户的款项数；借方登记实际上缴数；期末贷方余额，反映事业单位应缴入财政专户但尚未缴纳的款项数。

本科目应当按照应缴财政专户的款项类别进行明细核算。

3. 应缴财政专户款的账务处理

（1）取得应缴财政专户的款项时，借记有关科目，贷记本科目。

（2）上缴款项时，借记本科目，贷记"银行存款"等科目。

（三）应缴税费的核算

1. 应缴税费的科目设置

为了核算事业单位按照税法等规定计算应缴纳的各种税费，在负债要素类设置"应缴税费"总账科目。本科目贷方登记按规定计算应缴纳的各种税费；借方登记实际缴纳的各种税费；期末借方余额，反映事业单位多缴纳的税费金额，期末贷方余额，反映事业单位应缴未缴的税费金额。

本科目应当按照应缴纳的税费种类进行明细核算。属于增值税一般纳税人的事业单位，其应缴增值税明细账中应设置"进项税额""已缴税金""销项税额""进项税额转出"等专栏。

事业单位代扣代缴的个人所得税，也通过本科目核算。

事业单位应缴纳的印花税不需要预提应缴税费，直接通过支出等有关科目核算，不在本科目核算。

2. 应缴税费的确认和计量

事业单位对应缴税费应当在按照国家税法等规定产生缴纳税费义务时确认；按照计算出的应缴金额计量入账。

3. 应缴税费的主要账务处理

（1）发生城市维护建设税、教育费附加纳税义务的，按税法规定计算的应缴税费金额，借记"待处置资产损益——处置净收入"科目（出售不动产应缴的税费）或有关支出科目，贷记本科目。实际缴纳时，借记本科目，贷记"银行存款"科目。

（2）属于增值税一般纳税人的事业单位购入非自用材料的，按确定的成本（不含增值税进项税额），借记"存货"科目，按增值税专用发票上注明的增值税税额，借记本科目（应缴增值税——进项税额），按实际支付或应付的金额，贷记"银行存款""应付账款"等科目。

属于增值税一般纳税人的事业单位所购进的非自用材料发生盘亏、毁损、报废、对外捐赠、无偿调出等税法规定不得从增值税销项税额中抵扣进项税额的，将所购进的非自用材料转入待处置资产时，按照材料的账面余额与相关增值税进项税额转出金额的合计金额，借记"待处置资产损益"科目，按材料的账面余额，贷记"存货"科目，按转出的增值税进项税额，贷记本科目（应缴增值税——进项税额转出）。

属于增值税一般纳税人的事业单位销售应税产品或提供应税服务，按包含增值税的价款总额，借记"银行存款""应收账款""应收票据"等科目，按扣除增值税销项税额后的价款金额，贷记"经营收入"等科目，按增值税专用发票上注明的增值税金额，贷记本科目（应缴增值税——销项税额）。

属于增值税一般纳税人的事业单位实际缴纳增值税时，借记本科目（应缴增值税——已缴税金），贷记"银行存款"科目。

属于增值税小规模纳税人的事业单位销售应税产品或提供应税服务，按实际收到或应收的价款，借记"银行存款""应收账款""应收票据"等科目，按实际收到或应收价款扣除增值税税额后的金额，贷记"经营收入"等科目，按应缴增值税税额，贷记本科目（应缴增值税）。实际缴纳增值税时，借记本科目（应缴增值税），贷记"银行存款"科目。

（3）发生房产税、城镇土地使用税、车船税纳税义务的，按税法规定计算的应缴税费数额，借记有关科目，贷记本科目。实际缴纳时，借记本科目，贷记"银行存款"科目。

（4）代扣代缴个人所得税的，按税法规定计算应代扣代缴的个人所得税金额，借记"应付职工薪酬"科目，贷记本科目。实际缴纳时，借记本科目，贷记"银行存款"科目。

（5）发生企业所得税纳税义务的，按税法规定计算的应缴税费数额，借记"非财政补助结余分配"科目，贷记本科目。实际缴纳时，借记本科目，贷记"银行存款"科目。

（6）发生其他纳税义务的，按照应缴纳的税费金额，借记有关科目，贷记本科目。实际缴纳时，借记本科目，贷记"银行存款"等科目。

第三节 事业单位借入款项的管理与核算

一、事业单位借入款项的管理

事业单位在业务活动中，为解决周转资金短缺问题，需要向有关部门或金融机构借款，因而会发生借入款项。

（一）借入款项的含义与内容

借入款项是指按法定程序和核定的预算举借的债务，即指中央财政按全国人民代表大会批准的数额举借的国内和国外债务，以及地方财政根据国家法律或国务院特别规定举借的债务。

事业单位向财政部门、金融机构、上级单位或其他组织及个人借入有偿使用的各种款项，到期需还本付利。

短期借款是指事业单位借入的期限在1年以内（含1年）的各种借款。

长期借款是指事业单位借入的期限超过1年（不含1年）的各种借款。

借入款项主要包括：

（1）向财政部门借入的事业行政周转金；

（2）向金融机构借入的贷款；

（3）向其他单位或个人借入的款项。

（二）借入款项的管理要求

（1）行政事业单位借款必须经财政部门或主管部门批准。

（2）必须按指定用途使用。借入款项是财政部门核定的有特定用途的资金，公共组织不能转作费用支出，要保证其按指定用途使用。

（3）要控制借款规模。因为借入款项是有偿使用，而公共组织大多是非营利性的，其资金来源主要依靠财政拨款，偿债能力有限。所以应严格控制其借款规模，减轻利息负担，保证其正常的业务活动。

（4）统筹规划，合理使用。使用过程中要统筹规划，区分轻重缓急、效益高低、择优安排。

（5）借款手续要完备。借款时，应填写"借款合同书"，详细说明借款原因、借款数额、借款用途、借款时间、还款时间、保证条件等内容。

（6）充分利用借入款项，加快资金周转速度，提高款项的使用效率。

（7）按时偿还借款，不得拖欠。

二、事业单位借入款项的核算

借入款项是事业单位从财政部门、上级单位、金融机构和其他单位借入有偿使用的各种款项，按偿还期限的长短分为短期借款和长期借款。

（一）短期借款的核算

1. 短期借款的概念

短期借款是指事业单位借入的期限在1年内（含1年）的各种借款。短期借款主要有临时借款、结算借款、票据贴现借款等，属于流动负债。与之相对的是长期借款。

2. 短期借款的确认与计量

短期借款应以借款合同或协议来进行确认；以实际发生的借款金额计量入账。

3. 短期借款的科目设置

为了核算事业单位向银行或其他金融机构借入的期限在一年内（含一年）的各种借款，在负债要素类设置"短期借款"总账科目。本科目的贷方登记取得的借款本金；借方登记借款本金的偿还；期末贷方余额，反映事业单位尚未偿还的短期借款本金。

本科目应当按照贷款单位和贷款种类进行明细核算。

4. 短期借款的主要账务处理

（1）借入各种短期借款时，按照实际借入的金额，借记"银行存款"科目，贷记本科目。

（2）银行承兑汇票到期，本单位无力支付票款的，按照银行承兑汇票的票面金额，借记"应付票据"科目，贷记本科目。

（3）归还短期借款时，借记本科目，贷记"银行存款"科目。

（4）支付短期借款利息时，借记"其他支出"科目，贷记"银行存款"科目。

短期借款的核算主要包括三个方面的内容：第一，取得借款的核算；第二，借款利息的核算；第三，归还借款的核算。短期借款一般期限不长，通常在取得借款日，按取得的金额入账。短期借款利息支出，是事业单位开展非业务活动而发生的耗费，应记入"其他支出——利息支出"科目。

（二）长期借款的核算

1. 长期借款的概念

长期借款是指事业单位借入的偿还期限在1年以上（不含1年）的各种借款，一般用于固定资产购置、改建、扩建及基建项目等借款。

长期借款的偿还方式有分期付息到期还本、到期一次还本付息、分期还本付息。

2. 长期借款的确认与计量

长期借款应以签订的借款合同或协议进行确认；以实际发生的借款金额计量入账。

3. 长期借款的科目设置

为了核算事业单位借入的期限超过1年（不含1年）的各种借款，在负债要素类设置"长期借款"总账科目。本科目贷方登记长期借入的款项数额；借方登记偿还的本金数额；期末贷方余额，反映事业单位尚未偿还的长期借款本金。

本科目应当按照贷款单位和贷款种类进行明细核算。对于基建项目借款，还应按具体项目进行明细核算。

4. 长期借款的主要账务处理

(1) 借入长期借款时，按照实际借入的金额，借记"银行存款"科目，贷记本科目。

(2) 为购建固定资产支付的专门借款利息，分别按以下情况处理：

①属于工程项目建设期间支付的，计入工程成本，按照支付的利息，借记"在建工程"科目，贷记"非流动资产基金——在建工程"科目；同时，借记"其他支出"科目，贷记"银行存款"科目。

②属于工程项目完工交付使用后支付的，计入当期支出但不计入工程成本，按照支付的利息，借记"其他支出"科目，贷记"银行存款"科目。

(3) 其他长期借款利息，按照支付的利息金额，借记"其他支出"科目，贷记"银行存款"科目。

(4) 归还长期借款时，借记本科目，贷记"银行存款"科目。

事业单位在进行借款时，一是要根据实际需要和偿还能力控制借款规模；二是要坚持有偿使用、到期偿还。

第四节　事业单位应付与预收款项的管理与核算

一、事业单位应付与预收款项管理

(一) 应付款项与预收款项的含义

应付及预收款项是事业单位在经济交往、开展业务活动过程中应付未付的各种款项，是行政事业单位在经济结算中发生的一种负债。比如在购买商品或劳务时，应当支付而未支付给供货单位或提供劳务单位的费用等。

（二）应付款项与预收款项的内容

包括应付票据、应付账款、其他应付款等应付款项和预收账款。

1. 应付票据

应付票据是指行政事业单位在商品购销活动和对工程价款进行结算时因采用商业汇票结算方式而发生的票据。它由出票人出票，委托付款人在指定日期无条件支付确定的金额给收款人或者票据的持票人。它包括商业承兑汇票和银行承兑汇票。应付票据按是否带息分为带息应付票据和不带息应付票据两种。

2. 应付账款

应付账款是指因购买材料、商品或接受劳务供应等而发生的债务。这是买卖双方在购销活动中由于取得物资与支付贷款在时间上不一致而产生的负债。

3. 其他应付款

其他应付款是指除应付账款、应付票据之外，行政事业单位应付给其他单位或个人的款项，包括应付工资、应付福利费、应付水电费、应付租入固定资产的租金、个人缴存的住房公积金、应付的投资者收益等。

（三）应付款项、预收款项的管理要求

应付款项、预收款项是结算过程中形成的流动负债。其管理要求如下：

（1）严格控制单位的负债规模。负债应有借款协议（借款期限一般在1年以内），有明确的资金用途，有可行的还款计划（必须是单位自有资金还款）。

（2）不得将应纳入单位收入管理的款项列入应付款项或暂存款项。

（3）各部门收到财政拨付的属于下属单位的财政资金应及时转拨所属单位，不得在应付款项或暂存款项挂账。

（4）对负债要进行及时清理，对已到期的负债要在协议期限内偿还，并按规定办理有关结算。

（5）按照行政单位财务管理规定，行政单位一律不准负债运转，当年收支结余不准出现赤字。由于历史原因，已举债的行政单位也应严格控制其负债规模，同时在核算中心建立财务风险预警机制。

（6）对金额较大的应收款项，往来双方要签订还款协议（还款期限一般在1年以内）；单位要建立应收款项回收责任制。

（7）要控制应收款项的额度、占用时间，掌握短期、安全的原则。

（8）加强日常管理及账务核对。往来账每月月末进行结账，并将总账与明细账余额进行核对。

二、事业单位应付与预收款项的核算

应付及预收款项是指事业单位在开展业务活动中发生的各项债务，包括应付票据、应付账款、其他应付款等应付款项和预收账款。

（一）应付票据的核算

1. 应付票据的概念

应付票据是指事业单位因购买材料、物资等而开出、承兑的商业汇票，包括银行承兑汇票和商业承兑汇票。

2. 应付票据的确认和计量

应付票据按实际签发商业汇票或实际收到商业汇票时确认；按票据签发时的票面金额计量入账。

3. 应付票据的科目设置

为了核算事业单位因购买材料、物资等而开出、承兑的商业汇票，在负债要素类设置"应付票据"总账科目。本科目贷方登记单位因购买材料、货品等而开出、承兑的商业汇票票面金额；借方登记已到期或已兑付的商业汇票票面金额；期末贷方余额，反映事业单位开出、承兑的尚未到期的商业汇票票面金额。

本科目应当按照债权单位进行明细核算。

事业单位应当设置"应付票据备查簿"，详细登记每一应付票据的种类、号数、出票日期、到期日、票面金额、交易合同号、收款人姓名或单位名称，以及付款日期和金额等资料。应付票据到期结清票款后，应当在备查簿内逐笔注销。

4. 应付票据的主要账务处理

（1）开出、承兑商业汇票时，借记"存货"等科目，贷记本科目。以承兑商业汇票抵付应付账款时，借记"应付账款"科目，贷记本科目。

（2）支付银行承兑汇票的手续费时，借记"事业支出""经营支出"等科目，贷记"银行存款"等科目。

（3）商业汇票到期时，应当分别按以下情况处理：

①收到银行支付到期票据的付款通知时，借记本科目，贷记"银行存款"科目。

②银行承兑汇票到期，本单位无力支付票款的，按照汇票票面金额，借记本科目，贷记"短期借款"科目。

③商业承兑汇票到期，本单位无力支付票款的，按照汇票票面金额，借记本科目，贷记"应付账款"科目。

（二）应付账款和长期应付款的核算

1. 应付账款和长期应付款概念

（1）应付账款是指事业单位因购买材料、物资或接受劳务等而应付的款项，主要是由于取得货物等的时间与结算付款的时间不一致而产生的。

（2）长期应付款是指事业单位发生的偿还期限超过 1 年（不含 1 年）的应付款项，主要指事业单位融资租入固定资产发生的应付租赁款，跨年度分期付款购入固定资产的价款等。

2. 应付账款和长期应付款的确认和计量

（1）应付账款和长期应付款的确认。应付账款和长期应付款的入账时间，应以所购买物资的所有权转移或接受劳务等已发生为标志；应当在事业单位收到所购物资或服务、完成工程承担相应支付义务时确认。

（2）应付账款和长期应付款的计量。应付账款和长期应付款应当按照购买物资或劳务等应付未付的金额入账。

3. 应付账款和长期应付款的科目设置

（1）应付账款的科目设置。为了核算事业单位因购买材料、物资或接受劳务等而应付的款项，在负债要素类设置"应付账款"总账科目。本科目贷方登记单位因购买材料、物资或接受劳务等而应付给供应单位的款项；借方登记已偿付的应付款项；期末贷方余额，反映事业单位尚未支付的应付账款。本科目应当按照债权单位（或个人）进行明细核算。

（2）长期应付款的科目设置。为了核算事业单位发生的偿还期限超过1年（不含1年）的应付款项，在负债要素类设置"长期应付款"总账科目。本科目贷方登记发生的长期应付款数；借方登记归还的长期应付款数；期末贷方余额，反映事业单位尚未支付的长期应付款。本科目应当按照长期应付款的类别以及债权单位（或个人）进行明细核算。

4. 应付账款的主要账务处理

（1）发生应付账款时。对于购入材料、物资等已验收入库但货款尚未支付的，按照应付未付金额，借记"存货"等科目，贷记本科目。

（2）偿付应付账款时，按照实际支付的款项金额，借记本科目，贷记"银行存款"等科目。

（3）开出、承兑商业汇票抵付应付账款时，借记本科目，贷记"应付票据"科目。

（4）无法偿付或债权人豁免偿还应付账款时，借记本科目，贷记"其他收入"科目。

5. 长期应付款的主要账务处理

（1）发生长期应付款时，借记"固定资产""在建工程"等科目，贷记本科目、"非流动资产基金"等科目。

（2）支付长期应付款时，借记"事业支出""经营支出"等科目，贷记"银行存款"等科目；同时，借记本科目，贷记"非流动资产基金"科目。

（3）无法偿付或债权人豁免偿还的长期应付款，借记本科目，贷记"其他收入"科目。

（三）预收账款的核算

1. 预收账款的概念

预收账款是指事业单位按合同规定预收的款项。

2. 预收账款的确认和计量

事业单位应当在按照合同规定收到对方预付的款项时确认；按照实际收到的金额计量入账。

3. 预收账款的科目设置

为了核算事业单位按合同规定预收的款项，在负债要素类设置"预收账款"总账科目。本科目贷方登记预收的款项；借方登记款项的实际结算数和退回的多余款数；期末贷方余额，反映事业单位按合同规定预收但尚未实际结算的款项。

本科目应当按照债权单位（或个人）进行明细核算。

4. 预收账款的主要账务处理

（1）从付款方预收款项时，按照实际预收的金额，借记"银行存款"等科目，贷记本科目。

（2）确认有关收入时，借记本科目，按照应确认的收入金额，贷记"经营收入"等科目，按照付款方补付或退回付款方的金额，借记或贷记"银行存款"等科目。

（3）无法偿付或债权人豁免偿还的预收账款，借记本科目，贷记"其他收入"科目。

（四）其他应付款的核算

1. 其他应付款的概念

其他应付款是事业单位除应缴税费、应缴国库款、应缴财政专户款、应付职工薪酬、应付票据、应付账款、预收账款之外的其他各项偿还期限在 1 年内（含 1 年）的应付及暂收款项，如存入保证金等。

2. 其他应付款的确认和计量

其他应付款应当在发生其他应付义务或收到属于其他应付款的款项时确认；按照实际发生的金额计量入账。

3. 其他应付款的科目设置

为了核算事业单位除应缴税费、应缴国库款、应缴财政专户款、应付职工薪酬、应付票据、应付账款、预收账款之外的其他各项偿还期限在 1 年内（含 1 年）的应付及暂收款项，在负债要素类设置"其他应付款"总账科目。本科目贷方登记其他应付款的增加数；借方登记其他应付款的减少数；期末贷方余额，反映事业单位尚未支付的其他应付款。

本科目应当按照其他应付款的类别以及债权单位（或个人）进行明细核算。

4. 其他应付款的主要账务处理

（1）发生其他各项应付及暂收款项时，借记"银行存款"等科目，贷记本科目。

（2）支付其他应付款项时，借记本科目，贷记"银行存款"等科目。

（3）无法偿付或债权人豁免偿还的其他应付款项，借记本科目，贷记"其他收入"科目。

第六章　政府会计制度下事业单位财务报告与分析

第一节　事业单位年终清理与结账

事业单位在年度终了前，应根据财政部门或主管部门关于决算编审工作的要求，对各项收支账目、往来款项、货币资金和财产物资进行全面的年终清理结算，在此基础上办理年度结账，编报决算。事业单位会计年终清理结算和结账工作是编制年度会计报表的基础，主要包括年终清理、年终结账两个部分。

一、事业单位年终清理

（一）年终清理概念

年终清理是指对事业单位全年预算资金、其他资金收支活动进行全面的清查、核对、整理和结算工作。其目的是：划清年度收支，核实收支数字，结清往来款项，以便如实反映全年预算执行结果；分析全年预算执行情况，总结预算管理的经验；检查财经纪律遵守情况。通过年终清理，使账面记录和实际情况保持一致，能够真实、准确地反映事业单位的全部财产，为年终编制决算报告做好准备工作。

（二）年终清理内容

事业单位年终清理的主要内容有：

1. 核对年度预算

预算数字是考核预算执行情况、编制决算的依据，也是进行会计结算的依据。

年终前，对财政部门、上级单位和所属各单位之间的全年预算数（包括追加追减数字）以及各项上缴、下拨款项等，都应按规定逐笔进行清理结算，保证上下级之间的年度预算数、领拨经费数和上缴、下拨数一致。

为了准确反映各项收支数额，凡属本年度的应拨应缴款项，应当在12月31日前汇达对方。主管会计单位对所属各单位的预算拨款和预算外资金拨款应截至12月25日，逾期一般不再下拨。

2. 清理核对各项收支款项

在年终结账之前，凡属本年度的各项收入和各项支出均应及时入账，以便正确计算年终结余。

属于本年度的各项应缴国库的款项、应缴税费和应缴财政专户的款项，要在年终前全部上缴国库和财政专户。

属于本年度的各项支出，应按规定的用途和使用范围，如实列账，确定各项支出的实际数额。

年度单位支出决算，一律以基层用款单位截至12月31日的本年实际支出数为准，不得将年度前预拨下年的预算拨款列入本年的支出，也不得以上级会计单位的拨款数代替基层会计单位的实际支出数。

3. 清理并结算往来账项

为了真实、准确地反映事业单位财产的实有数，在年终结账之前，应清理各种往来账项，并结清各种往来账项。应收的款项要如数收回并入账，应付的款项要如数偿付并入账，按规定应该转作各项收入的账项或应该转作各项支出的账项，及时转入有关账户，其目的就是将这些收支编入本年决算之中。总之，对各种债权、债务关系，要及时清理并进行款项的结算。

如果有清理不完的往来账项，应分析具体原因，在决算报告中予以说明。

4. 核对库存现金和银行存款

库存现金是一项重要流动资产，应当定期进行清查核对，做到日清月结。每天业务结束之时，都应当盘点当日的库存现金数额，并与账面结余数核对。如有不一致，应及时做出会计处理，编制"库存现金盘点报告表"，由出纳人员和盘点人员签字盖章，作为调整账面记录的原始凭证，并进一步查找不一致的原因，做出符合实际情况的纠正处理。

银行存款的清查是通过与开户银行核对账目的方法进行的。每月末开户银行均应向事业单位开列对账单，事业单位将对账单的记录与本单位"银行存款日记账"的记录进行逐笔核对，检查双方的存款余额是否一致。如果不一致，应首先检查是否有未达账项，对存在的未达账项，通过编制"银行存款余额调节表"进行调节。经过调节后，若双方的存款余额一致，则说明双方会计记录是正确的；如果不一致，则说明双方的会计记录有错误，应当查明原因，及时处理。对未达账项，也应查明原因，及时做出有关会计处理，及时入账。

5. 进行财产清查

事业单位在年终结账之前，应对各项财产物资进行实地盘点清查。在进行清查时，应当由专人负责，保管人员实际参与。对清查的结果，可编制"账存实存对比表"，以求出各种财产物资的实有数，并与账面记录数核对。如发现有盘盈、盘亏的情况，应及时查明原因，按规定做出会计处理，并及时调整账面记录，做到账实相符、账账相符，使年终决算报告能反映该单位财产物资的真实情况。

二、事业单位年终结账

事业单位应当在年终清理的基础上，进行年终结账。年终结账包括年终转账、结清旧账和记入新账三个环节。

（一）年终转账

将账目核对无误后，首先计算出各账户借方或贷方的 12 月份合计数或全年累计数，结出 12 月末的余额。然后，编制结账前的"资产负债表"，试算平衡后，再将应对冲结转的各个收支账户的余额按年终冲转办法，填制 12 月 31 日的记账凭单办理结转。

（二）结清旧账

将结转后无余额的账户结出全年总累计数，然后在下面画双红线，表示本账户全部结清。对年终有余额的账户，在"全年累计数"下行的"摘要"栏内注明"结转下年"字样，再在下面画双红线，表示年终余额转入新账，旧账结束。

（三）记入新账

根据本年度结转后的各账户余额，编制年终决算的"资产负债表"和有关明细表。将表列各账户的年终余额数（不编制记账凭单），直接记入新年度相应的各有关账户，并在"摘要"栏注明"上年结转"字样，以区别新年度发生数。

事业单位的决算经财政部门或上级单位审批后，需调整决算数字时，应作相应调整。

三、年终转账的账务处理

（一）财政补助收支年终转账的账务处理

对于财政补助收支年终转账业务，通过净资产要素类"财政补助结转"和"财政补助结余"科目进行。财政补助收支年终转账步骤如下。

（1）12月末，将财政补助收入本期发生额转入"财政补助结转"科目。

借：财政补助收入——基本支出/项目支出

　　贷：财政补助结转——基本支出结转/项目支出结转

（2）12月末，将事业支出（财政补助支出）本期发生额转入"财政补助结转"科目。

借：财政补助结转——基本支出结转/项目支出结转

　　贷：事业支出——财政补助支出（基本支出/项目支出）

（3）年末，完成上述结转后，将符合财政补助结余性质的项目余额转入"财政补助结余"科目。

借：财政补助结转——项目支出结转（××项目）

　　贷：财政补助结余

或：

借：财政补助结余

　　贷：财政补助结转——项目支出结转（××项目）

如果财政补助结转结余资金额度按规定上缴或注销，要做以下账务处理：

借：财政补助结转/财政补助结余

贷：财政应返还额度/零余额账户用款额度/银行存款

(二) 非财政补助收支年终转账的账务处理

对于非财政补助收支年终转账业务，通过净资产要素类"非财政补助结转""事业结余""经营结余""非财政补助结余分配"4个科目进行。

（1）非财政补助专项资金收支年终结转步骤如下：

①12月末，将事业收入、上级补助收入、附属单位上缴收入、其他收入本期发生额中的非财政补助专项资金收入结转入"非财政补助结转"科目。

借：事业收入——非财政专项资金收入

上级补助收入——非财政专项资金收入

附属单位上缴收入——非财政专项资金收入

其他收入 ——非财政专项资金收入

贷：非财政补助结转

②12月末，将事业支出、其他支出本期发生额中的非财政补助专项资金支出结转入"非财政补助结转"科目。

借：非财政补助结转

贷：事业支出——项目支出（非财政专项资金支出）

其他支出——项目支出（非财政专项资金支出）

③年末，完成上述结转后，将已完成项目的剩余资金区分以下情况处理：

如果剩余资金按规定缴回原专项资金拨入单位，其账务处理如下：

借：非财政补助结转——××项目

贷：银行存款

如果剩余资金按规定留归本单位使用，其账务处理如下：

借：非财政补助结转——××项目

贷：事业基金

（2）非财政补助非专项资金收支年终结转步骤如下：

①12月末，将事业收入、上级补助收入、附属单位上缴收入、其他收入本期发生额中的非财政补助非专项资金收入结转入"事业结余"科目。

借：事业收入——非财政非专项资金收入

上级补助收入——非财政非专项资金收入

附属单位上缴收入——非财政非专项资金收入

其他收入——非财政非专项资金收入

　　贷：事业结余

②12月末，将事业支出、其他支出本期发生额中的非财政补助非专项资金支出以及对附属单位补助支出、上缴上级支出的本期发生额结转入"事业结余"科目。

　　借：事业结余

　　　贷：事业支出——基本支出（其他资金支出）［项目支出（其他资金支出）］

　　　　其他支出——其他资金支出

　　　　对附属单位补助支出

　　　　上缴上级支出

③年末，完成上述第一步和第二步结转后，将"事业结余"科目贷方余额结转入"非财政补助结余分配"科目贷方。

　　借：事业结余

　　　贷：非财政补助结余分配

如果完成上述第一步和第二步结转后"事业结余"科目为借方余额，则将"事业结余"科目（借方）余额结转入"非财政补助结余分配"科目借方。

　　借：非财政补助结余分配

　　　贷：事业结余

"事业结余"科目期末如为贷方余额，反映事业单位自年初至报告期末累计实现的事业结余；如为借方余额，反映事业单位自年初至报告期末累计发生的事业亏损。年末结账后，"事业结余"科目应无余额。

　　（3）经营收支年终结转步骤如下：

①12月末，将经营收入本期发生额结转入"经营结余"科目。

　　借：经营收入

　　　贷：经营结余

②12月末，将经营支出本期发生额结转入"经营结余"科目。

　　借：经营结余

　　　贷：经营支出

③年末，完成上述第一步和第二步结转后，如"经营结余"科目为贷方余额，将"经营结余"科目贷方余额结转入"非财政补助结余分配"科目。

借：经营结余

　　贷：非财政补助结余分配

如果完成上述第一步和第二步结转后，"经营结余"科目为贷方余额，反映事业单位自年初至报告期末累计实现的经营结余弥补以前年度经营亏损后的经营结余；如为借方余额，反映事业单位截至报告期末累计发生的经营亏损，不予结转。

年末结账后，"经营结余"科目一般无余额；如有借方余额，反映事业单位累计发生的经营亏损。

（三）非财政补助结余分配的账务处理

（1）如果年末转账后，"非财政补助结余分配"科目为贷方余额，则按以下步骤进行年终分配的账务处理：

①有企业所得税缴纳义务的事业单位计算应缴纳的企业所得税。

借：非财政补助结余分配

　　贷：应缴税费——应缴企业所得税

②按照有关规定提取职工福利基金。

借：非财政补助结余分配

　　贷：专用基金——职工福利基金

③年末，按规定完成上述第一步和第二步账务处理后，将"非财政补助结余分配"科目余额（贷方）结转入"事业基金"科目贷方。

借：非财政补助结余分配

　　贷：事业基金

（2）如果年末转账后，"非财政补助结余分配"科目为借方余额，则将"非财政补助结余分配"科目余额（借方）结转入"事业基金"科目借方。

借：事业基金

　　贷：非财政补助结余分配

年末结账后，"非财政补助结余分配"科目应无余额。事业单位专项结余不参与结余分配。

第二节 事业单位财务报表的内容及编制

事业单位财务报表是准确反映事业单位一定时期财务状况和事业成果的总结性书面文件。事业单位报送的年度财务报表包括资产负债表、收入支出表、财政拨款收入支出表、固定资产投资决算报表等主表以及有关附表和财务情况说明书。

一、事业单位资产负债表

事业单位资产负债表，是反映事业单位一定时点资产、负债及净资产等情况的报表。其结构和作用与行政单位资产负债表基本相同，但由于事业单位的财务活动内容与行政单位有所区别，财务收支项目和会计核算使用的科目不尽相同，其资产负债表反映的项目也有所区别。

事业单位资产负债表的平衡公式为：

$$资产 = 负债 + 净资产$$

事业单位资产负债表格式如表6-1所示。

表6-1 事业单位资产负债表

年 月 日

编表单位：				单位：元	
资产	年末余额	年初余额	负债和净资产	年末余额	年初余额
一、资产类			二、负债类		
1. 流动资产			1. 流动负债		
货币资金			短期借款		
财政应返还额度			应缴非税收入		
应收票据			应付职工薪酬		
应收账款			应缴税费		
预付账款			应付票据		

续表

资产	年末余额	年初余额	负债和净资产	年末余额	年初余额
其他应收款			应付账款		
存货			预收账款		
流动资产合计			其他应付款		
2. 对外投资			流动负债合计		
长期股权投资			2. 非流动负债		
长期债权投资			长期借款		
对外投资合计			长期应付款		
3. 固定资产			非流动负债合计		
固定资产原价			代管经费		
减累计折旧			负债合计		
固定资产净值			二、净资产		
文物文化资产			累计盈余		
在建工程			专用基金		
基建工程			净资产合计		
固定资产清理					
固定资产合计					
4. 无形资产					
无形资产					
待处理财产损益					
资产合计					
资产总计			负债和净资产总计		

二、事业单位收支总表

事业单位收支总表是综合反映事业单位一定时期财务收支情况及财务成果的报表。它由收入、支出、结余和分配三部分组成。

收入支出总表分为左、右两部分。左方部分反映收入及结余情况；右方部分反映支出及结余分配情况。

事业单位收支总表的平衡公式为：

$$收支结余=事业结余+经营结余$$

事业结余=上年结转数（含上年专项资金结存）+财政补助收入+上级补助收入+事业收入+附属单位上缴收入+其他收入-事业支出-自筹基本建设支出-上缴上级支出-对附属单位补助支出

$$经营结余=上年结转经营亏损+经营收入-经营支出$$

$$年末结转结余=收支结余+用上年事业基金弥补收支差额-结余分配$$

事业单位收入支出总表的格式如表6-2所示。

表6-2 事业单位收入支出总表

年　月　日

编表单位：　　　　　　　　　　　　　　　　　　　　　　　　　　　单位：元

收入				支出			
行次	项目	本月数	本年累计	行次	项目	本月数	本年累计
1	拨入专款				专项资金支出		
2	财政补助收入				拨出经费		
3	其中：项目收入				拨出专款		
4	上级补助收入				上缴上级支出		
5	附属单位缴款				对附属单位补助		
6	事业收入				事业支出		
7	财政专户返还收入				其中：基本支出		
8	其中：项目收入				项目支出		
9							
10	经营收入				经营支出		
11	1.				1.		
12	2.				2.		
13	其他收入				结转自筹基建		
14							
15	收入总计				支出总计		
16	结余				结余分配		
17	1. 事业结余				1. 应缴所得税		
18	2. 经营结余				2. 提取专用基金		
19					3. 转入事业基金		
20					4. 其他		

续表

收入				支出			
行次	项目	本月数	本年累计	行次	项目	本月数	本年累计
21	转入事业基金						

三、事业单位事业支出明细表

事业单位事业支出明细表是反映事业单位一定时期事业支出明细情况的报表，也是事业单位收支总表的补充报表。事业支出明细项目是根据国家预算支出科目的"目"级科目确定的，包括基本工资、补助工资、其他工资、职工福利费、社会保障费、助学金、公务费、设备购置费、修缮费、业务费和其他费用等。

事业支出明细表的平衡公式为：

$$事业支出＝基本工资+补助工资+其他工资+职工福利费+社会保障费+助学金+公务费+设备购置费+修缮费+业务费+其他费用$$

事业单位事业支出明细表的格式如表6-3所示，其作用和填报方法与行政单位支出明细表相同。

表6-3 事业单位事业支出明细表

年 月 日

项目	合计	工资福利支出				商品和服务支出									对个人和家庭的补助					资本性支出						其他
		小计	基本工资	津贴补贴	其他	小计	办公费	水电费	取暖费	交通费	差旅费	招待费	福利费	其他	小计	离退休费	抚恤金	购房补贴	其他	小计	房屋建筑物购置	办公设备购置	专用设备购置	交通工具购置	其他	小计
列次	1	2	3	4	5	6	7	8	9	10	11	12	13	14	15	16	17	18	19	20	21	22	23	24	25	26
经费支出																										
其中：																										
财政拨款支出																										

项目	合计	工资福利支出				商品和服务支出									对个人和家庭的补助					资本性支出						其他
		小计	基本工资	津贴补贴	其他	小计	办公费	水电费	取暖费	交通费	差旅费	招待费	福利费	其他	小计	离退休费	抚恤金	购房补贴	其他	小计	房屋建筑物购置	办公设备购置	专用设备购置	交通工具购置	其他	小计
预算外资金支出																										
合计																										

四、事业单位事业基金、专用基金增减变动情况表

事业单位事业基金、专用基金增减变动情况表，是反映事业单位一定时期事业基金、专用基金增减变动及结余情况的报表。事业基金由一般基金和投资基金组成；专用基金包括职工福利基金、医疗基金、修购基金、其他基金等项目，由于其他基金是一个统称，其不同的项目还要根据管理要求，加以明细列示。事业单位事业基金、专用基金增减变动情况表的平衡公式为：

年末余额（结余）＝上年余额（结余）＋本年增加数－本年减少数

事业单位事业基金、专用基金增减变动情况表的格式如表6-4所示。

表6-4　事业单位事业基金、专用基金增减变动情况表

年　月　日

编表单位：					单位：元
行次	项目	本年累计数	行次	项目	本年累计数
1	一、事业基金			二、专用基金	
2	（一）上期结余			（一）修购基金	
3	1. 一般基金			期初数	
4	2. 投资基金			本期增加	
5	（二）本期增加			本期减少	
6	一般基金			其中：用于购置设备	
7	其中：一般基金对外投资转入			用于修缮	
8	其他对外投资转入			期末数	
9	（三）本期减少			（二）职工福利基金	

续表

行次	项目	本年累计数	行次	项目	本年累计数
10	1. 一般基金			期初数	
11	其中：用于弥补收支差额			本期增加	
12	用于对外投资			本期减少	
13	2. 投资基金			期末数	
14	（四）期末余额			（三）其他基金	
15	1. 一般基金			期初数	
16	2. 投资基金			本期增加	
17				本期减少	
18				期末数	

五、事业单位基本数字表

事业单位基本数字表是反映事业单位工作人员数量和人员构成以及事业成果等项指标的报表。事业单位的业务性质不同，此表反映的内容也会有一定的差别。如一般事业单位只有职工数；教育单位除教职工数外，还有学生人数。事业单位基本数字表的格式如表6-5所示。

表6-5　事业单位基本数字表（简表）
年　月　日

编表单位：						单位：人
行次	项目	年初数	本年增加	本年减少	年末数	全年平均数	备注
1	一、教职工数						
2	1. 教学人员						
3	2. 教辅人员						
4	3. 管理人员						
5	4. 工人						
6	5. 离退休人员						
7	6. 外籍专家						
8	二、学生人数						
9	1. 本科生						
10	2. 专科生						

续表

行次	项目	年初数	本年增加	本年减少	年末数	全年平均数	备注
11	3. 成人高教生						
12	4. 研究生						

第三节　事业单位财务分析及其报告

一、财务分析的概念和意义

(一) 财务分析的含义

财务分析是以会计核算和报表资料及其他相关资料为依据，采用一系列专门的分析技术和方法，对企业等经济组织过去和现在有关筹资活动、投资活动、经营活动、分配活动的盈利能力、营运能力、偿债能力和增长能力状况等进行分析与评价的经济管理活动。它是为企业的投资者、债权人、经营者及其他关心企业的组织或个人了解企业过去、评价企业现状、预测企业未来做出正确决策提供准确的信息或依据的经济应用学科。财务分析的特点如下。

1. 财务分析是一门综合性、边缘性学科

财务分析是在企业经济分析、财务管理和会计核算基础上发展形成的一门综合性、边缘性学科。

2. 财务分析有完整的理论体系

从财务分析的内涵、财务分析的目的、财务分析的作用、财务分析的内容，到财务分析的原则、财务分析的形式、财务分析的组织等，都日趋成熟。

3. 财务分析有健全的方法论体系

财务分析有专门的技术方法，例如，水平分析法、垂直分析法、趋势分析法、比率分析法等都是财务分析的专门和有效的分析方法。

4. 财务分析有系统客观的资料依据

财务分析所依据的最基本的资料是财务报表。

5. 财务分析有明确的目的和作用

财务分析的目的受财务分析主体和财务分析服务对象的制约。

关于财务分析的定义还有多种表达，美国南加州大学教授 Water B. Neigs 认为，财务分析的本质是搜集与决策有关的各种财务信息，并加以分析和解释的一种技术。美国纽约市立大学 Leopold A. Bernstein 认为，财务分析是一种判断的过程，旨在评估企业现在或过去的财务状况及经营成果，其主要目的在于对企业未来的状况及经营业绩进行最佳预测。

（二）事业单位财务分析的含义

公共组织和企业的业务方向、业务内容不同，但财务分析的基本方法、基本原理是一致的。对于各类组织，财务分析都是其财务管理的一项重要内容。

事业单位财务分析，主要是指依据财务报表和其他有关信息资料，运用系统科学的财务分析方法，对事业单位的财务活动过程及其业绩成果进行研究、分析和评价，以利于事业单位的管理者、投资者以及政府管理机构掌握事业单位的资金活动情况并进行营运决策的一项管理活动。

事业单位的财务分析可从以下几个方面加以考察。

1. 财务分析的主体

财务分析的主体是对事业单位的财务活动进行分析的机构和个人。主要有事业单位的专职业务人员及主管领导、上级主管部门、财政税务部门以及政府管理机构等。

2. 财务分析的客体

财务分析的客体即财务评价的对象，包括事业单位的财务状况、业绩成果及资金活动情况与趋势等。

3. 财务分析的依据

财务分析的依据主要是事业单位编制的财务报表，包括资产负债表、收支总表、支出决算表等。

4. 财务分析的目的

进行财务分析的最终目的主要有三个方面：一是为财务报表的使用者所要做

出的相关决策提供客观的、可靠的依据；二是对公共资源的配置使用结果及其效益做出客观评价；三是促进事业单位加强和改进财务管理工作。

(三) 事业单位财务分析的意义和依据

1. 意义

对于以财政资金作为其主要资金来源的事业单位来说，开展财务分析具有特别重要的意义。

(1) 促进事业单位加强预算管理，保证公共预算顺利实现。预算是事业单位执行国家政策、开展业务活动的根本。单位预算编制是否科学、合理，直接反映在预算的执行结果——各单位的财务报告中。通过财务分析，可以了解单位预算编制的科学合理性、预算执行的合规性，以便及时总结，避免偏差，保证预算顺利实现。

(2) 增强公共组织对业务发展状况的规律性认识。事业单位开展财务分析，能够更好地认识和掌握收支管理的规律，总结先进经验，找出存在的问题，为改善管理、提高效益提供依据。

(3) 促进事业单位严格执行财务制度和财经纪律。通过财务分析，了解、检查单位财务活动是否认真执行财务制度和财经纪律，有无违纪行为，促进单位财务管理工作健康、有序开展。

(4) 有利于政府机构加强宏观经济调控。开展财务分析，对事业单位的财务活动进行评价，及时反映单位的预算执行进度，将对宏观管理的有效性以及宏观决策的客观性提供必要的保证。

2. 依据

对于以财政资金作为其主要资金来源的事业单位来说，必须依据相关规定、原则和要求进行财务分析。其依据是：

(1) 国家有关的方针、政策、法律、法规、财务制度和财经纪律。

(2) 经国家批准的各项费用收支标准、人员编制和定额指标。

(3) 经有关部门批准的公共组织发展计划、业务工作方面的管理规定和办法。

（4）公共组织的预算资料、决算资料和会计核算资料。

（5）其他有关数据和资料。

二、财务分析的形式和步骤

（一）财务分析的形式

1. 按照财务分析的内容划分

（1）全面分析。

全面分析是指对事业单位的各项财务活动进行全面、系统的综合分析。主要包括：

第一，单位执行政策法规、财务制度和财经纪律情况；

第二，单位基本数字情况、行政业务工作情况；

第三，预算资金、收支管理情况；

第四，资产负债管理情况；

第五，资金使用效益情况。

全面分析工作时间长、工作量大，要借助各种综合性资料有计划地进行。

（2）专题分析。

专题分析是针对财务活动中某个特定项目、特定政策或特定问题而进行的专项分析。比如，为了控制单位的公用经费开支，可对差旅费、招待费、车辆运行费等支出情况进行专项分析。

专题分析重点突出、针对性强、方式灵活，是事业单位在财务分析中经常运用的一种方法。

2. 按照财务分析的过程划分

（1）事前分析。

事前分析又称预测分析，是指在财务活动实施之前，对财务活动可行性、可靠性所进行的分析预测。一般来说，单位在编制年度预算之前，都需要进行事前分析。

（2）事中分析。

事中分析又称控制分析，是指对某一个阶段或某一个特定时间的财务活动所进行的分析。这种分析，可以及时发现问题，总结经验，纠正偏差。事业单位应在每季末对预算执行情况进行分析。

（3）事后分析。

事后分析又称总结分析，是指在某项财务活动结束后所进行的总结分析。事业单位的年度财务决算分析，就属于典型的事后分析。

3. 按照财务分析的阶段性划分

（1）定期分析。

定期分析是指按照规定的时间对财务活动进行分析。它一般在财务报告期（月、季、年度）结束后进行。

（2）不定期分析。

不定期分析是一种临时性的检查分析，是指为了研究和解决某些特定问题或者按照上级部门的要求，临时进行的一种分析。

（二）财务分析的步骤

1. 信息收集整理

（1）明确财务分析的目的、范围；

（2）制订财务分析计划；

（3）收集整理财务分析信息。

2. 会计分析

会计分析的目的在于评价事业单位会计所反映的财务状况与经营成果的真实程度。通过对会计政策、会计方法、会计披露的评价，揭示会计信息的质量；通过对会计灵活性、会计估价的调整，修正会计数据，为财务分析奠定基础，并保证财务分析结论的可靠性。进行会计分析，一般可按以下步骤进行：

（1）阅读会计报告；

（2）比较会计报表；

（3）解释会计报表；

（4）修正会计报表信息。

会计分析是财务分析的基础，通过会计分析，对发现的由于会计原则、会计政策等原因引起的会计信息差异，应通过一定的方式加以说明或调整，消除会计信息的失真问题。

3. 实施财务分析

（1）财务指标分析。财务指标包括绝对指标和相对指标两种。对财务指标进行分析，特别是进行财务比率指标分析，是财务分析的一种重要方法和形式。财务指标能准确反映某方面的财务状况。进行财务分析，应根据分析的目的和要求选择正确的分析指标。正确选择与计算财务指标是正确判断和评价事业单位财务状况的关键所在。

（2）基本因素分析。财务分析不仅要解释现象，而且要分析原因。因素分析法就是要在报表整体分析和财务指标分析的基础上，对一些主要指标的完成情况，从其影响因素角度，深入进行定量分析，确定各因素对其的影响方向和程度，为单位正确进行财务评价提供最基本的依据。

4. 综合评价

（1）财务综合分析与评价。财务综合分析与评价是在应用各种财务分析方法进行分析的基础上，与定性分析判断及实际调查情况结合起来，得出财务分析结论的过程。财务分析结论是财务分析的关键步骤，结论的正确与否是判断财务分析质量的唯一标准。

（2）财务预测与价值评估。财务分析既是一个财务管理循环的结束，又是另一个财务管理循环的开始。应用历史或现实的财务分析结果预测未来的财务状况与单位价值，是现代财务分析的重要任务之一。

财务分析不能仅满足于事后分析原因，得出结论，而且要对单位未来的发展及价值状况进行预测与评估。

5. 撰写财务分析报告

撰写财务分析报告是财务分析的最后步骤。它是将财务分析的基本问题、财务分析结论，以及针对问题提出的措施建议以书面的形式表示出来，为财务分析主体及财务分析报告的其他受益者提供决策依据。财务分析报告作为对财务分析工作的总结，还可作为历史信息，以供后来的财务分析参考，保证财务分析的连续性。

三、财务分析的指标体系和方法

要保证财务分析结果的正确性，财务分析者所采用的分析指标和分析方法具有重要的作用。

（一）财务分析的指标体系

事业单位的财务分析指标主要有以下几个。

1. 支出增长率

计算公式为：

$$支出增长率 =（本期支出总额 \div 上期支出总额 - 1）\times 100\%$$

它用来衡量事业单位支出的增长水平。利用支出增长率指标可分析评价单位支出增长是否被控制在合理的幅度内，是否与其业务规模、资产增长相协调。

2. 当年预算支出完成率

计算公式为：

当年预算支出完成率 = 年终执行数 ÷（年初预算数 ± 年中预算调整数）×100%

注：年终执行数不含上年结转和结余支出数。

它用来衡量事业单位当年支出总预算及分项预算完成的程度。

3. 人均开支

计算公式为：

$$人均开支 = 本期支出数 \div 本期平均在职人数$$

它用来衡量事业单位人均年消耗经费水平。人均开支是反映支出定额管理执行结果的指标。使用该指标进行比较时，应考虑不同地区、不同单位之间的可比性。

4. 项目支出占总支出的比率

计算公式为：

$$项目支出比率 = 本期项目支出数 \div 本期支出总数 \times 100\%$$

它用来衡量事业单位的支出结构。项目支出占总支出比重可显示单位专项业务活动的比重，该指标前后比较，可用于分析专项支出比重变化的原因及合理性。

5. 人员支出的比率

计算公式为：

人员支出比率＝本期人员支出数÷本期支出总数×100%

＝（基本工资＋补助工资＋其他工资＋职工福利费＋社会保障费）÷本期支出总额×100%

人员支出占总支出比重主要用于衡量公共组织的支出结构。人员支出占总支出比重可用于分析公共组织支出结构的合理性，该指标可用于前后期比较，也可用于与同类型单位的比较。

6. 人均办公使用面积

计算公式为：

人均办公使用面积＝本期末单位办公用房使用面积÷本期末在职人员数

它用来衡量事业单位办公用房的配备情况。通过该指标对比分析，判断单位办公使用面积的合理程度。

7. 人车比例

计算公式为：

人车比例＝本期末在职人员数÷本期末公务用车实有数

它用来衡量事业单位公务用车配备情况。该指标反映单位机动车辆配备情况，通过对比分析，可以看出单位车辆配备的变化情况，利于控制公用经费。

8. 经费自给率

计算公式为：

$$经费自给率 = \frac{事业收入 + 经营收入 + 附属单位上缴收入 + 其他收入}{事业支出 + 经营支出} \times 100\%$$

它用来衡量事业单位收入的能力和收入满足经常性支出的程度。经费自给率是综合反映非营利组织财务收支状况的重要评价指标。

9. 人员支出、公用支出占事业支出的比率

人员支出是指非营利组织事业支出中用于人员开支的部分，包括职工工资、津贴、奖金、职工福利费、社会保障费等。

公用支出是指非营利组织事业支出中用于公共开支的部分，包括公务费、业务费、设备购置费、修缮费和其他费用。

计算公式为：

$$人员支出比率=人员支出÷事业支出×100\%$$

$$公用支出比率=公用支出÷事业支出×100\%$$

通过人员支出比率、公用支出比率分析，可以了解事业支出结构是否合理。

10. 资产负债率

计算公式为：

$$资产负债率=负债总额÷资产总额×100\%$$

资产负债率主要衡量事业单位利用债权人提供的资金开展业务活动的能力，同时反映债权人提供资金的安全保障程度。

11. 捐赠比率

计算公式为：

$$捐赠比率=捐赠收入总额÷收入总额×100\%$$

运用捐赠比率，可以分析事业单位收入总额中有多少是来自捐赠，每年的开支在多大程度上依赖捐赠。

（二）财务分析的常用方法

财务分析的方法有很多种，大体分为定性分析法和定量分析法。

定性分析法主要包括经验判断法、会议分析法、专家分析法、类比分析法；定量分析法主要包括比较分析法、比率分析法、因素分析法。

1. 定性分析法

所谓定性分析法是指对事业单位各项财务指标变动的合法性、合理性、可行性、有效性进行科学的论证和说明的分析方法。

（1）经验判断法。

经验判断法是分析人员在了解过去和现实资料以及定量分析结果的基础上，充分考虑单位内外条件变化，运用个人的经验和知识做出判断。这种分析方法主要靠个人经验，做出的判断带有一定的主观性，其缺点十分明显。一般来说，这种方法是在条件限制或时间紧迫的情况下，不得不采取的一种权宜方法。

（2）会议分析法。

会议分析法是由分析人员召集对分析对象情况熟悉、有经验的有关人员开会，按照预先拟定的分析提纲进行分析、研究、讨论，充分发扬民主，广泛征求意见，然后把各方面的意见整理、归纳、分析，判断未来的情况并做出分析结论。这是一种集思广益的方法，但这种分析方法会产生意见不一致的情况，给做出正确的分析结论带来困难。

（3）专家分析法。

专家分析法是邀请一组专家开会座谈，在互相交换情报资料、经过充分讨论的条件下，把专家们的意见集中起来，做出综合分析判断。它与会议分析法有相同的优点，但同样是个人的直观判断，带有一定的主观性。

（4）类比分析法。

类比分析法是分析者在掌握分析对象的过去资料、现在情况等有关数据及其变化规律的基础上，利用这些资料和情况与其分析对象之间的类比性来进行推测。这种分析虽然也主要是靠人的经验和认识来进行判断，但它有一定的客观依据，所以能提高分析信息的可靠性。

2. 定量分析法

（1）比较分析法。

比较分析法是通过对比两期或连续数期财务报告中的相同指标，确定其增减变动的方向、数额和幅度，来说明事业单位财务状况或经营成果变动趋势的一种方法。

比较分析法的具体运用主要有重要财务指标的比较、会计报表的比较和会计报表项目构成的比较三种方式。

1）重要财务指标的比较。它是将不同时期财务报告中的相同指标或比率进行比较，直接观察其增减变动情况及变动幅度，考察其发展趋势，预测其发展前景。对不同时期财务指标的比较，可有以下三种方法。

①定基动态比率。它是以某一时期的数额为固定的基期数额而计算出来的动态比率。

其计算公式为：

$$定基动态比率=分析期数额÷固定基期数额×100\%$$

②环比动态比率。它是以每一分析期的前期数额为基期数额而计算出来的动态比率。

其计算公式为：

环比动态比率＝分析期数额÷前期数额×100%

③绝对数分析法。绝对数分析法是将不同时期、相同项目的绝对金额进行比较，以观察其绝对额的变化趋势。

2）会计报表的比较。会计报表的比较是将连续数期的会计报表的金额并列起来，比较其相同指标的增减变动金额和幅度，据以判断单位财务状况和经营成果发展变化的一种方法。

3）会计报表项目构成的比较。它是在会计报表比较的基础上发展而来的。它是以会计报表中的某个总体指标作为100%，再计算出其各组成项目占该总体指标的百分比，从而比较各个项目百分比的增减变动，以此来判断有关财务活动的变化趋势。在采用这种比较方法时，必须注意以下问题：

①用于进行对比的各个时期的指标，在计算口径上必须一致；

②要剔除偶发性项目的影响，使作为分析的数据能反映正常的经营状况；

③应用例外原则，应对某项有显著变动的指标作重点分析，研究其产生的原因，以便采取对策，趋利避害。

（2）比率分析法。

比率分析法是指利用财务报表中两项相关数值的比率揭示企业财务状况和经营成果的一种分析方法。根据分析的目的和要求的不同，比率分析法主要有以下三种。

1）构成比率。构成比率又称结构比率，是某个经济指标的各个组成部分与总体的比率，反映部分与总体的关系。其计算公式为：

构成比率＝某个组成部分数额÷总体数额×100%

利用构成比率，可以考察总体中某个部分的形成和安排是否合理，以便协调各项财务活动。

2）效率比率。它是某项经济活动中所费与所得的比率，反映投入与产出的关系。利用效率比率指标，可以进行得失比较，考察经营成果，评价经济效益。

3）相关比率。它是根据经济活动客观存在的相互依存、相互联系的关系，以某个项目和与其有关但又不同的项目加以对比所得的比率，反映有关经济活动的相互关系，如流动比率。

比率分析法的优点是计算简便，计算结果容易判断，而且可以使某些指标在不同规模的单位之间进行比较，甚至也能在一定程度上超越行业间的差别进行比较。但采用这一方法时对比率指标的使用应该注意以下几点：

①对比项目的相关性。计算比率的子项和母项必须具有相关性，把不相关的项目进行对比是没有意义的。

②对比口径的一致性。计算比率的子项和母项必须在计算时间、范围等方面保持口径一致。

③衡量标准的科学性。运用比率分析，需要选用一定的标准与之对比，以便对单位的财务状况作出评价。通常而言，科学合理的对比标准有：预定目标、历史标准、行业标准、公认标准。

（3）因素分析法。

因素分析法是依据分析指标与其影响因素的关系，从数量上确定各因素对分析指标的影响方向和影响程度的一种方法。采用这种方法的出发点在于，当有若干因素对分析对象发生影响时，假定其他各个因素都无变化，顺序确定每一个因素单独变化所产生的影响。

因素分析法有连环替代法和差额分析法两种。

采用因素分析法时，必须注意以下问题：①因素分解的关联性；②因素替代的顺序性；③顺序替代的连环性；④计算结果的假定性。

上述各方法有一定程度的重合。在实际工作中，比率分析法应用最广。

四、财务分析报告的编写

财务分析报告是指事业单位在一定会计期间对单位进行财务活动情况分析的书面性报告。它是把行政事业活动和财务状况分析的数据、情况、成绩、问题、原因等，向有关部门和领导进行反映和说明的总结性书面报告。

（一）财务分析报告的分类

1. 按内容、范围划分

财务分析报告按其内容、范围不同，可分为综合分析报告、专题分析报告和简要分析报告。

（1）综合分析报告。

综合分析报告是事业单位依据会计报表、财务分析表及业务活动、经营活动所提供的信息，运用一定的分析方法，对单位的财务活动及对本期或下期财务状况将发生重大影响的事项做出客观、全面、系统的分析和评价，并进行必要的科学预测而形成的书面报告。它具有内容丰富、涉及面广，对财务报告使用者做出各项决策有深远影响的特点。它还具有以下两个方面的作用：

第一，为单位的重大财务决策提供科学依据。由于综合分析报告几乎涵盖了对单位财务计划各项指标的对比分析和评价，能使活动成果和财务状况一目了然，及时反映出存在的问题，这就给管理者做出当前和今后的财务决策提供了科学依据。

第二，全面、系统的综合分析报告，可以作为今后财务管理进行动态分析的重要历史参考资料。

综合分析报告撰写时必须对分析的各项具体内容的轻重缓急做出合理安排，既要全面，又要抓住重点。

（2）专题分析报告。

专题分析报告是指针对某一时期事业单位业务活动中的某些关键问题、重大措施或薄弱环节等进行专门分析后形成的书面报告。它具有不受时间限制、一事一议、易被管理者接受、收效快的特点。专题分析报告能总结经验，引起领导和业务部门重视，从而提高管理水平。

（3）简要分析报告。

简要分析报告是对在一定时期内的财务活动存在的比较突出的问题，进行概要的分析而形成的书面报告。

简要分析报告具有简明扼要、切中要害的特点。主要适用于定期分析，可按月、按季进行编制。

2. 按时间划分

财务分析报告按其分析的时间，可分为定期分析报告与不定期分析报告两种。

（1）定期分析报告。

定期分析报告一般是由上级主管部门或单位内部规定的、每隔一段相等的时间应予以编制和上报的财务分析报告。如每半年、年末编制的综合财务分析报告就属定期分析报告。

（2）不定期分析报告。

不定期分析报告是从单位财务管理和业务经营的实际需要出发，不做时间规定而编制的财务分析报告。如专题分析报告就属于不定期分析报告。

（二）财务分析报告的格式内容

1. 提要部分

提要部分即概括事业单位综合情况，让财务报告接受者对财务分析说明有一个总括的认识。

2. 说明部分

说明部分是对单位运行及财务现状的介绍。该部分要求文字表述恰当、数据引用准确。对财务指标进行说明时可适当运用绝对数、比较数及复合指标数。特别要关注单位当前运作上的重心，对重要事项要单独反映。

3. 分析部分

分析部分是对单位的业务活动情况进行分析研究。在说明问题的同时还要分析问题，寻找问题的原因和症结，以达到解决问题的目的。财务分析一定要有理有据，要细化分解各项指标，突出表达分析的内容。分析问题一定要善于抓住当前要点，多反映单位的运行焦点和易于忽视的问题。

4. 评价部分

作出财务说明和分析后，对于业务情况、财务状况、成果业绩，应该从财务角度给予公正、客观的评价和预测。评价要从正面和负面两方面进行，评价既可以单独分段进行，也可以将评价内容穿插在说明部分和分析部分。

5. 建议部分

财务人员在财务分析后形成的意见和看法，特别是对存在的问题所提出的改进建议。财务分析报告中提出的建议要具体化，并有一套切实可行的方案。

（三）财务分析报告撰写注意事项

1. 积累素材，为撰写报告做好准备

（1）建立台账和数据库。通过会计核算会形成会计凭证、会计账簿和会计报表，但是编写财务分析报告仅靠这些凭证、账簿、报表的数据往往是不够的。这就要求分析人员平时就做大量的数据统计工作，对分析的项目按性质、用途、类别、区域、责任人，按月度、季度、年度进行统计，建立台账，以便在编写财务分析报告时有据可查。

（2）关注重要事项。财务人员对业务运行、财务状况中的重大变动事项要勤于做笔录，记载事项发生的时间、区域、责任人及发生变化的各影响因素。必要时要马上作出分析判断，并将各部门的文件归类归档。

（3）关注业务运行。财务人员应尽可能争取多参加相关会议，了解行单位的各类情况，听取各方面意见。

（4）定期收集报表。财务人员除收集会计核算方面的有些数据之外，还应要求各相关部门及时提交可利用的其他报表，对这些报表要认真审阅、及时发现问题、总结问题。

（5）岗位分析。所有财务人员要对本职工作养成分析的习惯，这样既可以提升个人素质，也有利于各岗位之间相互借鉴经验。只有每一岗位都发现问题、分析问题，才能编写出内容全面、有深度的财务分析报告。

2. 建立财务分析报告指引

建立分析工作指引，将常规分析项目文字化、规范化、制度化，可以达到事半功倍的效果。

总之，内容完整，格式统一，数字准确，条理清楚，文字简练，重点突出，说理透彻，评价正确，建议合理，措施可行，是编写财务分析报告的总体写作要求。

第四节 政府会计制度下事业单位财务报告质量提升

一、政府会计制度下事业单位财务报告存在的问题

新政府会计制度颁布后，事业单位的会计核算内容以及报表结构都发生了较大变化，推广实施过程中，事业单位财务报告还会存在这样那样的问题。

（一）资产负债表

与企业相比，事业单位的资产负债表主要以"资产＋支出＝负债＋净资产＋收入"的方式进行编制，在这种情况下，资产负债表反映出来的内容大多为静态信息。在实际情况下，事业单位的资产负债表并非仅仅包括静态信息，报表项目以及会计科目的对应关系不够明确。财务人员在对财务报表中相关项目进行分析和填列时，由于存在理解偏差的情况，导致资产负债表的动态信息进一步缺失。仅仅通过财务报表，外部人员难以对事业单位财务状况作出准确评估。

（二）现金流量表

为了能够满足新政府会计制度的要求，事业单位的财务报表需要增加收入费用表以及净资产变动表。根据当前情况，事业单位增加的收入费用表是以"盈余＝收入－费用"的方式进行核算，很容易导致不平衡的问题出现。以财政拨款作为分析对象，由于财政拨款不足，所有支出几乎全部费用化。根据实际情况分析，支出不可能实现全部费用化，而且对于专用的财政补贴，将其直接纳入盈余项目并不合理，这也就导致了不平衡的问题出现。

（三）财务报表附注

从当前情况分析，事业单位财务报表附注不明确的现象极为普遍，这也导致人们无法根据事业单位财务报表，准确评估事业单位财务的真实状况。虽然新政

府会计制度提高了事业单位对预算管理的重视程度，并对财务报表需要披露的内容提出了明确要求，但是从财务报表实际情况分析，报表中的内容依然存在角度问题，人们在对财务报告信息使用以及分析时会受到很多因素影响。

二、提高事业单位财务报告质量的策略

从当前情况分析，事业单位在财务报告方面依然存在问题，为了能够提高财务报告质量，需要从以下几个方面制定策略。

（一）优化资产负债表

资产负债表的恒等式很容易导致不平衡的情况发生，为了能够解决这个问题，事业单位在进行会计核算时，首先需要准确理解会计科目核算的相关内容以及报表列示项目中应该包括的内容，确保资产负债表能够满足真实性和准确性的要求。例如，需要对日常核算进行完善，将固定资产以及无形资产的相关信息纳入其中，利用严格计提、分摊累计折旧等方式，提升资产负债表的质量，使其能够真实、准确地将事业单位的财务状况反映出来。除此之外，在存货核算方面，如果事业单位出现在途物品增加时，在新政府会计制度下，借记在途物品，贷记财政拨款收入。与原有的预算会计制度相比较，核算更为精细化，而且借鉴了企业关于存货的处理方式。

（二）优化现金流量表

现金流量表是反映事业单位在一定时间内现金流入和现金流出动态状况的主要报表，为了能够避免不均衡的情况出现，事业单位需要强化对项目收支勾稽关系的构建，创造性的核算预算资金，平衡事业单位预算和资金实际应用存在的偏差。与此同时，事业单位还需要借鉴企业的现金流量表编制方法，确保现金流量表能够真实、客观地将事业单位现金变动情况反映出来。新政府会计制度还借鉴了企业会计体系中关于研发支出的会计处理办法，按照研发阶段、开发阶段，对各项支出进行会计处理。如研发阶段的支出进行费用化处理，开发阶段的支出进行资本化处理。

（三）优化财务报表附注

　　财务报表附注的主要作用是辅助使用者更为准确、客观地了解财务报表的内容，会直接影响到财务报告的质量。在这种情况下，财务报告必须要按照新政府会计制度的相关要求，在报表附注中将事业单位报表相关信息详细地披露出来，确保相关人员能够准确把控事业单位财务报告的相关内容。

参考文献

[1] 王超，陶慧平，韦静等. 政府会计制度：科目运用+账务处理+报表编制 [M]. 北京：中国市场出版社，2022.

[2] 政府会计编审委员会. 政府会计准则制度精解：条文解析+案例分析+报表编制 修订版 [M]. 北京：人民邮电出版社，2022.

[3] 张新，季荣花. 政府与非营利组织会计 [M]. 北京：北京理工大学出版社，2021.

[4] 邓九生，汪长英，杨从印. 政府与非营利组织会计理论与实务 [M]. 武汉：华中科技大学出版社，2021.

[5] 田高良，曹文莉，张县平等. 政府会计实务 [M]. 大连：东北财经大学出版社，2020.

[6] 张铠. 政府性债务风险视角下的政府会计改革与创新研究 [M]. 北京：中国财政经济出版社，2020.

[7] 韩俊仕，郭靖，许娟. 政府会计制度要点解读与案例精讲 [M]. 北京：企业管理出版社，2019.

[8] 张雪莲. 政府会计真账实操从入门到精通 [M]. 北京：中国铁道出版社，2019.

[9] 李世龙. 政府会计制度案例精讲大全：科目应用+业务管理+报表编制 [M]. 北京：中国铁道出版社，2020.

[10] 司惠菊，周欣，任振和. 气象部门计财业务系统管理与应用实务（中卷）：政府会计制度信息系统实务应用 [M]. 北京：科学技术文献出版社，2019.

[11] 胡景涛. 基于绩效管理的政府会计体系构建研究 [M]. 大连：东北财经大学出版社，2019.

[12] 王国祥. 政府会计及其改革研究 [M]. 北京：现代出版社，2020.

[13] 王力东，李晓敏. 财务管理 [M]. 北京：北京理工大学出版社，2019.

[14] 姚宾礼，王宏萍，陈建明. 政府会计理论与实务 [M]. 徐州：中国矿业大

学出版社，2018.

[15] 汪谦. 政府会计基本理论与操作实务 [M]. 北京：中国商业出版社，2018.

[16] 赵永华，李其海，王青. 水利企事业单位财务管理实务 [M]. 北京：九州出版社，2018.

[17] 李敏. 政府会计：行政事业核算新模式 [M]. 上海：上海财经大学出版社，2018.

[18] 魏瑞华，翟纯红. 行政事业单位会计实务 [M]. 北京：中央民族大学出版社，2017.

[19] 刘淑琴，刘彩丽. 行政事业单位会计实务习题与实训 [M]. 3版. 大连：东北财经大学出版社，2022.

[20] 崔运政. 行政事业单位会计埋论与实务 [M]. 上海：立信会计出版社，2015.

[21] 缪匡华. 行政事业单位财务管理 [M]. 北京：清华大学出版社，2013.

[22] 胡诗璇. 新政府会计制度改革对事业单位财务管理的影响探究 [J]. 西部财会，2022（11）：23-25.

[23] 苏雯. 政府会计制度改革后科研事业单位预算绩效评价优化研究 [D]. 昆明：云南财经大学，2022.

[24] 叶玲. 新形势下行政事业单位财务管理创新研究 [J]. 行政事业资产与财务，2022（21）：84-86.

[25] 刘明月. 新政府会计制度下事业单位财务内控应对措施分析 [J]. 财经界，2022（7）：104-106.

[26] 刘杰. 新政府会计制度下事业单位财务管理研究 [J]. 今日财富（中国知识产权），2022（7）：103-105.

[27] 肖莹. 新政府会计下事业单位项目支出款级账目核算研究 [J]. 财会通讯，2021（19）：159-163+167.

[28] 张辉. 新制度下事业单位收入核算与改进探索 [J]. 会计师，2021（16）：94-95.

[29] 左萌. 政府会计制度下事业单位财务管理研究 [J]. 行政事业资产与财务，2021（4）：85-86.

［30］刘宏文. 政府会计制度改革对事业单位财务管理的影响［J］. 财富生活，2022（4）：166-168.

［31］田建芳. 政府会计制度下事业单位财务管理工作思考［J］. 今日财富（中国知识产权），2021（10）：127-129.

［32］钱嘉琪. 浅析政府会计制度对事业单位财务管理影响［J］. 行政事业资产与财务，2020（17）：37-38.

［33］李雪芹. 新政府会计制度下事业单位财务管理问题浅析［J］. 财经界，2020（35）：107-108.

［34］张云清. "双体系"下行政事业单位财务管理优化研究［D］. 南京：南京审计大学，2019.

［35］刘慧芳. 财政风险管理视角下的政府会计改革研究［D］. 大连：东北财经大学，2013.